원하는 모든 것을
이루어내게 하는 '힘'

원하는 모든 것을
이루어내게 하는 '힘'

SUPER MENTAL
슈퍼멘탈

박광철 지음

꿈을
·
이루는 **기적**을
·
경험하다

BM 성안북스

추천사

특전사와 707 대테러특수임무단 소속으로 저자와 만나 수많은 극한의 훈련과 생사고락을 함께하였다. 당시 팀장이었던 저자는 늘 선함을 지닌 강인한 리더였다. 어렵고 위험한 일도 여유를 가지고 묵묵히 수행해나가는 모습은 나를 비롯하여 모든 후배들의 귀감이었다.

특수부대원이라는 평범하지 않은 직업에서 성공적으로 활약하는 저자의 경험들이, 이 길을 가고자 하는 후배 특수부대원들과 새로운 도전을 준비하는 일반인들에게 분명 신선한 자극과 동기를 부여할 것이라 확신한다.

지치지 않고 끊임없이 목표를 향해 나아가길 희망하는 모든 분들에게 이 책을 추천드린다.

[특전사 및 707 대테러특수임무단 전우, 강철부대 마스터 최영재]

진정한 특수부대원이 되기 위해서는 타고난 자질과 체력도 중요하지만, 올바른 인성과 반복되는 단순함을 이겨낼 수 있는 군은 심지가 가장 중요하다. 물론 특수부대원처럼 전투복을 입고 총을 쏘며 말을 하는 것은 쉽다. 하지만 모두가 총성을 피할 때 총성이 나는 방향으로 향하는 진정한 특수부대원이 되기 위해서는 각고의 노력이 필요하다.

『슈퍼멘탈』은 지금까지 단 한 번도 대한민국 특수부대원이 논하지 않았던 '진정한 특수부대원이 되는 과정'에 대한 이야기를 진솔하게 담고 있다. 또한 최고의 특수부대원이 되기 위해서 그가 겪어야 했던 좌절과 가족들의 희생 역시 생생하게 담고 있다.

전쟁터와 해외를 다니며 수많은 특수부대원들을 만났고 그들에 대한 기사를 썼지만, 박광철 팀장이 쓴 『슈퍼멘탈』과 같은 잔잔한 감동을 준 사연은 없었다. 감동은 진솔함에서 온다고 생각한다. 대한민국 육군 최고의 특수부대 707을 거쳐 대한민국 국가 지정 대테러부대 경찰특공대의 팀장이 된 여린 소년의 이야기는 많은 사람들에게 감동을 주기에 충분하다.

특수부대원처럼 보이고 싶고, 특수부대원처럼 총을 쏘며, 특수부대원처럼 말하고 싶은 사람에게는 권하고 싶지 않은 책이다. 하지만 전우와 팀원에 대한 의미를 알고 유사시 국민들을 위해 몸을 던질 수 있는 진정한 특수부대원이 어떤 사람들인지, 그리고 그런 특수부대원이 되기 위해 평범한 소년이 어떤 삶의 경로를 거쳐가는지 알고 싶은 사람들에게는 강력하게 추천하고 싶은 책이다.

자! 지금부터 여린 소년이 슈퍼맨이 된 이야기를 알아보자.

[종군기자 / 군사전문기자 태상호]

사람에게는 저마다 고유의 향기가 있다. 항상 봉사하고 희망을 주는 한 젊은 청년의 삶은 우리에게 유쾌함과 희망을 주는 상쾌한 민트 같았고, 그 향기가 어디에 뿌리를 두고 있는지를 생각해보게 만든다.

이 책은 성공의 방법을 '한 번만 읽고 파악할 수 있다'면서 단순하게 제시하는 성공 도서가 아닌, 세상의 많은 사람들에게 희망의 메시지를 전달하는, 그래서 늘 곁에 두고 읽게 될, 독자들의 삶을 바꾸는 은은한 솔향기 같은 묵상일기책이 될 것이다.

[주식회사 디엑스티 오민수 대표]

박광철 경위는 현직 경찰특공대 전술팀장이다. 그리고 '특전사가 키우고, 특전사가 놓친' 특수부대원이다.

군인으로 태어나는 사람은 없지만 유독 의협심이 강하고 모험과 슈퍼히어로를 믿으며 자라나는 아이들이 있다. 이 아이들은 우리 사회가 요구하고 정하는 기준에는 크게 관심이 없다. 어른들은 이런 아이들에게 열심히 공부해서 훌륭한 사람이 되라고 얘기한다. 공부만 잘하면 훌륭한 사람이 되는가?

아이는 나이를 먹어 어른이 된다. 개중에는 꿈을 간직한 어른이 되는 경우도 있다. 꿈을 믿는 어른은 피곤하게 살게 되어 있는 것이 동서고금의 현실이다. 그럼에도 이 어른은 순수함을 버리지 못하고 멀쩡한 비행기에서 낙하산을 메고서 뛰어내리고, 총을 쏘는 것을 즐긴다. 그는 '바보' 소리를 들으며 살지만, 눈 감는 순간 그를 바보라고 불렀던 사람들은 자신이 어리석은 사람인 줄도 모르고 죽는다.

박광철의 이야기는 이런 사람의 얘기다.

이 책은 박광철이라는 작은 아이가 성장하는 평범한 과정을, 군대와 특수부대라는 평범하지 않은 여정을 통하여 군인 중의 군인이 되고, 또 군대와는 인연이 되지 않아 경찰특공대원이 되는 특이하고 재미있는 인생 전반을 소개한다.

전 특전사령관으로서 '경찰특공대가 우리나라 최고의 특수부대'라는 박 경위의 주장을 이 책에 대한 나의 '리미트'라고 밝히겠다.

[전 특전사령관 전인범 육군 중장]

우리는 한 권의 책을 읽으면서 새로운 지식을 얻기도 하지만, 삶의 지혜나 이를 지속시켜줄 수 있는 강한 원동력을 얻기도 한다. 박광철 팀장의『슈퍼멘탈』이 바로 우리에게 삶의 지혜와 원동력을 전해주는 책이다.

수많은 역경을 이겨내며 진정 원하는 꿈을 이루어내기까지, 누구나 가지고 있는 잠재력을 통해 어떤 목표든 이루어내는 과정과 방법을 우리에게 진솔하게 이야기하고 있다. 또한 꿈을 이루고 난 뒤 변화된 마음자세는 그가 일상은 물론 모든 삶을 변화시키는 기적을 이루게 하였다. 이미 우리 경찰특공대에서 그가 이루어낸 놀라운 성과가 바로 그 결과물이다.

이 책은 한계에 직면했을 때 고난과 좌절을 이겨내는 방법을 저자 자신의 경험을 바탕으로 이야기하고 있다. 그리고 그 경험들은 우리의 일상에 바로 활용 가능하다. 따라서 자기가 하는 일이 뜻하는 대로 이루어지지 않아 좌절한 모든 이들에게 "당신도 해낼 수 있다"고 용기를 불러일으킬 한줄기 희망의 빛이 되어줄 것이라 확신하며, 감히 이 책을 통해 놀라운 기적을 만끽하기를 기원한다.

[현(現) 서울 경찰특공대 특공대장 박종섭 총경]

슈퍼멘탈

대한민국 최고 약골,
특수부대 최고 요원이 되다.

"헉! 헉! 허억! 후우…!"

마지막 한 바퀴만 돌면 된다. 그런데 이미 내 앞의 모든 것이 뿌옇다. 내 다리도 내 것이 아니다. 정신은 이미 집을 나간 지 오래다.

'한 바퀴다! 마지막 400미터만 뛰면 바로 널브러져 마음껏 쉴 수 있다!'

가출한 정신을 억지로 붙잡아놓고 마지막 기합을 넣는다.

"가자!"

기합과 함께 거품을 물고 팀원들과 미친듯이 달려간다. 분명 이미 난 한계에 봉착했는데도 말이다.

어느새 피니시 존(Finish Zone, 결승점)에 널브러져 거친 호흡과 신음을 내뱉는다.

그리고 하늘을 향해 미소를 짓는다.

'끝났다! 또 해냈다!'

상반기 전술 능력 평가의 마지막 종목인 2킬로미터 달리기까지 팀원들 모두와 함께 성공적으로 마무리했다. 그 기쁨의 기운에 힘입어 모두가 웃통을 까고 사진을 찍는다. 오늘 인스타그램은 아마 우리의 복근으로 도배되어 난리가 날 것이다.

그렇다! 난 현재 모든 특수부대들의 꽃이라 불리는 대한민국 경찰특공대의 전술 요원이다.

이로부터 불과 몇 년 전만 하더라도 나는 무슨 일을 해야 할지 몰라서 갈피를 못 잡고 좌절감에 빠진 채 방황하고 있었다. 그런데 지금은 최고의 팀원들을 이끄는 전술팀장이라니! 거울에 비친 내 모습을 볼 때마다 상당히 뿌듯하다. 무엇보다도 어렸을 적부터 나를 알고 지낸 사람들이 '말도 안 돼!'라고 외치려는 모습을 상상하니, 나 자신이 더욱 자랑스럽다.

그렇다! 나는 지금 너무나 행복하다. 그리고 모든 것에 감사하다. 정말 아무것도 아니었던 내가 진정 원하던 걸 알게 되고, 잠재된 달란트(talent, 잠재력/재능)를 발견하면서 결국 꿈을 이루었기 때문이다. 모든 과정이 한 편의 영화이자

드라마였다. 아니, 기적 그 자체였다.

더욱 놀라운 사실은 내가 이 모든 것을 단 6개월 만에 이루었다는 점이다.

그것이 어떻게 가능했는지는 본문에서 차차 이야기할 것이다.

"꿈을 이루는 기적을 경험하고 나면, 모든 것이 달라진다."

'난 할 수 있다!'는 긍정적인 생각, '나를 믿고 나아가자!'는 신념, 내가 추구해야 할 가치, 인간관계, 목표 설정 등을 가짐으로써 이전의 나는 완전히 사라졌고, 원하는 것이라면 무엇이든 이루어내는 현재의 나로 변화했다.

놀랍지 않은가? 어느 순간부터 내가 완전히 다른 인생을 살고 있다는 사실이 말이다.

꿈을 이루고 난 뒤의 달라진 삶은 또 하나의 놀라운 축복이 아닐 수 없다.

그렇다면 이렇듯 놀라운 기적을 나는 과연 어떻게 이루어냈을까?

그 해답이 바로 지금부터 당신에게 전하고자 하는 꿈의 특별한 여정이다.

본문에서 전개될 이야기가 '약골로 태어난 어떤 인간이 열심히 운동하고 노력해서 특수부대에 합격했다는 이야기 겠지'라고 생각한다면 지금 당장 이 책을 덮어도 좋다. 하지만 이 책을 다 읽을 때쯤이면 마음 깊은 곳에 잠들어 있던 당신의 열정이 벌떡 일어날 것이며, 당신의 꿈을 지금 당장 이룰 수 있다는 기쁨을 품고서 놀라운 도전을 시작하게 되리라.

내가 이룬 것은 말 그대로 '평범함 이하의 인간'이 이루어 낸 것이다. 그렇기에 누구라도 확고한 결단 그리고 내가 말하는 모든 과정을 실천할 의지만 있다면 자신의 잠재력을 찾아낼 수 있을 것이고, 꿈을 이룰 수 있을 것이며, 그에 따른 행복을 마음껏 즐기게 될 것이다.

이쯤에서 처음에 소개했던 에피소드를 다시 소개하겠다. 저 에피소드에는 대한민국에서 내놓아라 하는 여러 특수부대(707 대테러특수임무단, 특전사, UDT, 해병대, SSU, UDU, HID, 공정통제사 등)의 구성원들이 임무를 100퍼센트 완수할 수 있게 해주는 핵심 요소가 담겨 있다. 이는 직장, 가정, 사업장 등 삶의 어느 분야에서든 성공의 키워드가 되어줄 요소이기도 하니, 다시 한 번 유심히 살펴보라.

그 요소는 기합이었을까? 정신력일까? '마지막 한 바퀴 남았다!'라는 희망이었을까? 아마 어떤 이들은 명예 혹은 돈(수당)이라고 답할지도 모르겠다.

그 해답은, 바로 특수부대원들과 평범한 사람들의 가장 극명한 차이라 말할 수 있는, '한계를 대하는 마음자세'이다.

특수부대원의 정신과 신체는 한계에 도달하였을 때 더욱 빛을 발한다.

그렇다면 특수부대원 특유의 '한계를 대하는 마음자세'는 도대체 어디에서 올까? 자존감, 쪽팔림, 자신과의 약속, 또는 신념일까? 아니다.

내가 오랫동안 특수부대를 몸소 체험하며 깨닫게 된 그 힘의 원천은 바로 '살아야 한다!'는 생존의 본능이다. 나로 인해 팀 전체(가족)가 위험(죽음)에 처할 수 있다는 절박함 때문이며, 무엇보다 바로 나 자신이 가장 위험한 상황에 직면할 수 있다는, 즉 '생존에 대한 간절함' 때문이다.

그래서 특수부대원은 어떤 것도 포기할 수가 없다. 정확히 말하면 절대 포기해서는 안 된다. 끝까지 포기하지 않기 때문에 결국엔 안될 것이 전혀 없다. 될 때까지 하기 때문에 실패할 수가 없는 것이다.

사람이 막다른 골목에 이르면 살기 위해 발버둥을 친다. "나도 그게 어떻게 가능했는지 모르겠다"고 나중에 말할 만큼 초인적인 힘이 갑자기 생겨나고, 놀라운 판단력이 발동된다. 속된 말로 '갈 때까지 갔을 때'의 절박함과 간절함이 내 안에 내재되어 있는 잠재력을 깨우는 것이다. 이러한 잠재력 덕분에 특수부대원은 어떠한 임무든 100퍼센트 완수할 수 있다. 결국 생존에 대한 간절함이 어떤 목표든 성공시킬 수 있는 힘인 것이다.

평범한 사람들은 대개 이렇게 생각한다.
'혹시 더 무리했다가 더 나빠지지는 않을까?'
'이만하면 할 만큼 했어.'
'이걸로 충분해.'
'여기서 멈추지 않으면 이후의 다른 일에도 지장이 생길지 몰라.'

자신을 합리화하며 한계점에서 주저앉고 만다. 그러나 지금 이것이 내 가족, 내 팀, 그리고 내 생존과 절실히 직결된 문제라면 과연 포기할 수 있을까? 아마도 마지막 순간까지 최선을 다하지 않겠는가!

특수부대원처럼 성취감을 맛본 사람은 무슨 일을 하게 되더라도 자신이 있다. 성취감을 알기에 또 다른 한계가 닥쳐도 두려워하지 않고 극복함으로써 더 큰 성취감을 쟁취해낸다.

이것이 특수부대원들이 성공할 수밖에 없는 이유이며, 이러한 특수부대원 특유의 마인드를 나는 '특수혼'이라 부른다. 이러한 특수혼을 우리 일상에 적용하면 어떤 기적이 일어날까? 활력과 긍정적 마인드를 갖추고서 꾸준히 목표를 달성하고, 그럼으로써 원하는 삶을 살지 않겠는가! 이것이 바로 내가 당신께 전하고 싶은 중요한 메시지다.

이 책으로 당신은 '여정의 시작'(제1장), '최고의 무기'(제2장), '목표를 달성하기 위한 최고의 전략'(제3장), '한계를 대하는 우리의 자세'(제4장) 등의 과정을 이수하게 될 것이다. 이 모든 과정을 마치고 나면 자신의 잠재력을 깨닫고 꿈을 이룸으로써 행복을 마음껏 누릴 것이라 확신한다.

내 삶의 가장 어두웠던 순간에 내게 와주었던 한줄기 빛처럼 이 책이 당신에게 가치 있고 소중한 빛이 되어주기를 간절히 소망한다.

대한민국 최고의 약골이넌 나는 지금 대한민국 최고의

특수부대인 경찰특공대의 최고 요원이 되었다.

내가 해냈다면 당신도 해낼 수 있다!

자! 지금부터 정신 바짝 차리고 첫 여정을 시작해보자!

Contents

추천사   6

프롤로그   13
대한민국 최고 약골, 특수부대 최고 요원이 되다.

I   **여정의 시작**   29

: Who am I?

- 과거는 우리가 나아가야 할 미래다.   31
- 리더가 되어야 리드할 수 있다.   42
- 인생에서 버려야 할 것은 아무것도 없다.   54
- 선택을 하는 사람은 바로 당신이다.   60
- 내 삶의 주인공은 바로 나다.   74
  내가 주인공이고 톱스타다.

최고의 무기

93

: 수없이 많은 걸 경험하라!

- 온 세상을 내 것으로 만드는 무기　95
- 자존심 VS 자존감　107
- 인생 재미있니?　127
- '내가 최고다!'라는 자부심과 함께 가라!　138
- 특별한 삶을 대하는 태도와 자세　147
- 사람은 누구나 인정받고 싶어 한다.　155
- 내 것만 잘하는 사람은 잘할 수밖에 없다.　162
- 도대체 무슨 생각을 하면서 사는 거니?　172
- 진짜와 가짜가 가려지다.　179
- 해 뜨기 전이 가장 어둡다.　189

목표를 달성하기 위한 최고의 전략

199

: 100퍼센트 성공의 법칙

- **최고의 전략 1** 201
  내 달란트를 찾아라!

- **최고의 전략 2** 211
  간절히 결단하라! 그리고 즉각 행동하라!

- **최고의 전략 3** 218
  최고의 전략으로 목표를 이루어낸다.

- **최고의 전략 4** 226
  지금 해야 할 일! 쏟아부어라! 그리고 미쳐라!

- **최고의 전략 5** 234
  보이는 것들에 대한 두려움을 극복하고,
  보이지 않는 진짜 믿음과 확신을 가져라!

- **최고의 전략 6** 245
  기적을 경험해보라! 모든 것이 달라진다!

IV 한계를 대하는 우리의 자세

259

: Clear Rule(특수훈)

- 행동으로 논리를 대변하고,   261
  결과로 과정을 입증하라!

- 정신차려라! 멘탈이 모든 것을 결정한다.   271

- 최고의 단짝을 만들어라!   279

- 악과 깡으로 완전무장하라!   295

- 당신만의 '가치 있는 신념'을 가져라!   303

- 작은 성취감이 한계의 시작점이다.   312

- '착한 또라이'가 되라!   318

에필로그   329
자신이 원하는, 자신만의 행복의 가치를 추구하라!

I

여정의 시작

Who am I?

Who am I?

당신이 어떻게 성장해왔는지를 돌아본다면

당신이 앞으로 어떻게 성장해 나아갈지도 보게 되리라.

과거는 우리가 나아가야 할 미래다.

"박.광.철! 교실 앞으로 나와보세요!"

수업 시작 직전, 호랑이 같은 담임선생님께서 나를 부르신다. 더군다나 교실 앞으로 나오라 하신다! 갑자기 조용해진 교실 분위기가 나를 더 압박해왔다.

"네."

개미 기어가는 듯한 목소리로 대답했다. 소리가 덜 나도록 의자를 빼고는 교실 바닥만 응시하면서 칠판 앞까지 나아갔다.

"친구들을 바라보고 앞에 서보세요!"

선생님의 불호령에 안 그래도 좁은 어깨가 더욱 움츠러든다. 더욱 고요해진 분위기를 살피고자 눈을 살짝 떠본다. 다들 호기심 가득한 표정을 짓고서 나만 바라본다.

얼굴이 시뻘게지면서 갑자기 눈물이 난다. 이놈의 눈물은 왜 시도 때도 없이 나는가? 이러고 있는 나 자신도 너무 싫다.

갑작스런 눈물에 선생님은 물론 교실 안의 모두가 당황했다. 그도 그럴 것이 어느 누구도 내게 단 한마디 하지 않았으니까 말이다. 그런데도 나는 질질 처 짜고 있다.

"울지 마요. 뭐 잘못한 거 아니에요. 오늘이 박광철 학생 생일이라 선생님이 선물 주려고 부른 거예요."

선생님께서 내 어깨를 토닥여주셨다. 이러니까 더 눈물이 난다.

"미안하구나. 선생님이… 이러려고 한건 아닌데…. 얼른 들어가거라. 미안해."

그렇게 말씀하시며 생일선물인 책 한 권을 손에 쥐어주셨다.

나중에 알게 된 사실인즉, 너무나 소심하고 내성적이던 나를 걱정하신 부모님께서 용기를 북돋워주고자 담임선생님께 다른 학생들 앞에서 선물을 주도록 부탁하셨다고 한다. 물론 부모님의 의도와는 달리 깜짝 이벤트는 이렇듯 대실패했다. 심지어 이 사건을 계기로 나는 더욱 소심해졌다.

나는 초등학교 1학년 때 바지에 소변을 지르기까지 했다.

과거는 우리가 나아가야 할 미래다.

수업 도중 화장실에 가고 싶다고 선생님께 말할 용기가 없어서였다. 이렇듯 학교생활 자체가 버거웠다.

가장 두려웠던 수업은 체육이었다. 다른 과목이야 가만히 앉아서 듣고만 있으면 되니까 마음이 편하지 않던가. 그러나 체육이란 놈은 모두가 보는 앞에서 나서야 하는 경우라든가, 피구며 축구 등 여럿이서 협동해야 하는 경기도 많으니 경악스러웠다.

특히 축구를 하는 날에는 더욱 신경이 날카로웠다. 공만 보이면 피해 다니느라 진땀을 빼거나, 끝날 때까지 운동장 한가운데에 허수아비처럼 우두커니 서서 공을 좇아버리기 일쑤었다. 그러고 보니 내 초등학교 시절 체육시간엔 왜 그리도 축구 수업이 많았을까? 오히려 지금의 나였다면 참 행복했겠지만, 아이러니하게도 그때에는 축구하는 시간이 지옥에서 유황불에 지져지는 시간 같았다. 쓴웃음이 나온다.

나는 내가 언제부터 꿈을 갖게 되었는지를 알아보기 위해 초등학교 3학년 때로 여행을 떠났다. 출발점으로 삼기 위해서였다. 그런데 그 출발점부터 예사롭지 않다. 내가 마치 유령마냥 그 시절에 존재하지 않았던 것 같기까지 하다. 아마 나는 너무나 내성적이고 소심했기에 초등학교 동창들마저 내 존재를 기억조차 못 할 것 같다.

도대체 난 무엇이 그리도 두려웠을까?

내가 모르는 트라우마 같은 게 생겼던 걸까?

그렇지 않다면 어찌 그리도 내성적이고 소심할 수 있었을까?

나 자신에게 던진 이러한 의문들을 뒤로 하고, '과거의 기억 속에서 꿈의 작은 실마리라도 발견할 수 있지 않을까?' 하는 기대감으로 나는 '어떻게 성장해왔는지' 돌아보기로 했다.

친구들과 수다를 떨기보다는 나 자신과 더 많이 대화하던 나.

멀미 때문에 놀이동산에는 반드시 있던 바이킹에 얼씬도 못한 약골이던 나.

오늘은 혹시 친구에게 어떤 실수를 하지는 않았는지 걱정만 한가득이던 나.

아끼던 물건도 친한 친구에게 선뜻 선물로 건네던 '어린 호구'였던 나.

사람들 앞에만 서면 눈물부터 보이던 '눈물의 왕눈이'였던 나.

어딜 가든 항상 1번이었던 '난쟁이 똥자루'였던 나.

'친구들이 나를 어떻게 생각할까?' 하며 항상 관찰하던, 눈치 하나 정말 빠르던 나.

과거는 우리가 나아가야 할 미래다.

'제발 아무도 내게 관심을 가지지 않게 해주세요'라고 기도할 정도로 하루하루를 힘겹게 보냈던 나.

얼마나 많은 나를 발견해냈을까?

이렇듯 '나'를 찾는 과정은 무척이나 중요하다. 나 자신이 누구인가를 일깨워주기 때문이다.

과거가 바뀌지 않음은 분명하지만, 과거는 우리가 나아가야 할 미래가 된다. 내가 어떻게 성장해왔는가를 검토해볼 기회를 줌으로써 앞으로 어떻게 성장해 나아가야 할 것인지 알게 해주는 거울과도 같기 때문이다.

| 꿈을 이루는 비전의 원칙, 자아 성찰! |

걸음을 멈추고 잠시 나를 돌아보라!

갑자기 웬 성장 과정이냐고?

이 글을 읽고 있는 당신도 스스로의 성장 과정을 알아야만 한다. 이유는 아주 간단하다. 당신 자신을 아는 것이야말로 무엇보다 소중한 당신의 꿈과 비전을 이루어내기 위한 출발점이자 핵심 요소이기 때문이다.

곰곰이 생각해보면 우리는 지금까지 내가 주체가 되어 사는 삶이 아니라, 다른 사람들의 눈에 비추어지는 나로 살아왔다.

당신도 지금까지 타인들의 눈치를 보고, 그들이 당신에 대해 하는 말을 들으며 살아오지 않았던가? 그들이 당신에 대해 안 좋은 말을 할까봐 두려워 슬슬 눈치나 보면서 살아오지 않았던가? 그래서 하고 싶은 일마저 포기한 적은 없었는가?

대답이 '그렇다'고 한다면, 이는 정말 우스운 일이다. 내 삶의 주인공은 바로 나가 아닌가! 그런데 왜 언제나 다른 이들이 감독이자 주인공인 영화 속에서 엑스트라로 살아왔는가?

물론 '어쩔 수 없었다'고 변명하듯이 대답할 것이다. 어릴 때에는 부모님이나 학교 선생님을 비롯한 주변 어른들의 말을 따르는 게 옳다고 여겼으니까. 그래서 '진짜 꿈'을 접기까지 했다. 나이를 먹으면서 사회가 강요하는 '보편적인 기준'에도 맞춰서 살아야 했다. 그렇지 않으면 손가락질을 받으니까. 그러니까 이런 식이다.

"특수부대는 남자만 가는 곳이야."

과거는 우리가 나아가야 할 미래다.

"저 집은 의사 집안이라 저 애도 분명 의사가 될 거야."

"부모님이 운동을 잘하니 운동 쪽으로 가야 해."

"저 애는 청담동에 사는 아이니 굉장한 부자일 거야."

"그건 이래서 좀 힘들 거야! 그 꿈보다는 이 꿈이 낫지 않을까?"

주위 환경과 '어른의 현실'이라는 핑계가 소중한 꿈을 포기하게 만들었다. 그래서 당신도 날개를 펴보지도 못한 채 '쳇! 인생 뭐 있어?!' 하면서 주저앉는 한 마리의 독수리로 전락했으리라.

그럼 잠시 펜을 들어보라. 그리고 지금 바로 나 자신에게 질문해보라.

"나는 누구인가?"

"나는 과연 어떤 사람인가?"

"내가 추구하는 가치와 신념은 무엇인가?"

"내가 가장 좋아하는 건 무엇인가?"

"내가 제일 잘하는 건 무엇인가?"

지금껏 내가 아닌 다른 이의 삶을 살아온 우리는, 다른 사람에 대해서는 무척이나 궁금해하며 엄청난 관심을 보이지만 정작 내 자신에게는 관심을 갖지 않는다.

남들이 아니라 나 자신을 알아야만 내가 진정 원하는 것을 얻을 수 있다. 평범한 사실이 아니냐고? 헌데 당신은 그걸 실천해왔는가?

답을 내놓기가 힘든 것 같으니, 재미있는 사실 하나를 더 들겠다.

구직자가 회사에 제출하는 이력서나 자기소개서에는 구직자 자신의 성장 과정을 적는 난이 있다. 나는 그게 불만스러웠다.

"회사에서 왜 내 성장 과정을 다 쓰라고 난리야? 이게 회사 일이랑 무슨 상관인데!"

하지만 이는 구직자가 스스로를 아는 것이 상당히 중요하기 때문에 요구하는 것이다. 자신을 제대로 아는 사람만이 다른 사람도 이해할 수 있기 때문이다. 나를 사랑할 줄 알아야 다른 사람과도 사랑을 할 수 있기 때문이다. 그리고 이는 더욱 높이 성장하는 데 필요한 발판, 즉 잠재력이 된다. 사전에 '자기 자신에 대한 의식이나 신념을 반성하고

과거는 우리가 나아가야 할 미래다.

살핌'이라고 나오는 자아 성찰이 꿈 이루기의 첫 과정이기 때문이다.

자아 성찰을 한다면 당신은 자신만의 특별한 달란트(talent, 잠재력/재능)를 찾게 될 것이다. 그리고 그걸 이용해 목표를 달성할 것이다.

그러면 '평범함 이하'였고, 병적으로 내성적이었으며 소심했던 내 성장 과정을 되돌아보면서, 내 자아를 성찰하면서 나는 무슨 생각을 했을까?

'역시 예전부터 난 안되는 존재였나 보다. 무엇을 해야 할지 도무지 모르겠어! 난 도저히 행복해질 수 없는 사람이야!' 같은 생각을 하면서 더 절망하고 낙심하진 않았을까?

만약 그랬다면 지금 최고의 행복을 만끽하고 있는 현재의 나는 존재하지 않았을 것이다.

나는 조용히 책상 앞에 앉아 내 의식과 관념을 반성하고 살펴봤다. 내성적이고 소심한 성격은 삶의 활력과 자신감을 잃게 한 부정적 요소임을 확실하게 깨달았다. 그리고 이를 머릿속에 각인시켰다. 그때부터 있는 그대로의 나를 새로운 시각으로 확인했다.

혼자였던 시간, 다시 말해 '혼자서 생각할 수 있는 시간'이 많았기에 나는 나 자신과 대화할 시간을 충분히 가질 수 있었다. 그 덕에 나는 나 자신에게만 집중할 수 있었다.

친구들의 시선에 유난히 민감했다는 점도 주변 사람들을 잘 관찰하는 습관을 길러주었다. 이는 남다른 눈치로 타인의 성향을 수월하게 파악해 적절히 대응할 수 있게 해주었다.

'난쟁이 똥자루'였던 나는 나름 귀여웠으며, '어린 호구'였던 나는 배려심이 강한 아이였다.

나는 이렇듯 새롭게 관점을 변화시키면서 나 자신만의 특별함을 파악했다.

지금 당신에게 놀라운 비밀 하나를 알려주겠다.

당신이 지금 무엇을 꿈꾸든, 그 꿈은 반드시 이루어질 거라는 사실이다. 그러니 새로운 시선으로 새로운 일상을 맞이해보라! 그 첫걸음은 오직 당신만이 내디딜 수 있다.

지나온 발자취를 스스로 성찰하면서 자신이 누구인지를 먼저 확인해보라! 그리고 당신만이 가지고 있는 특별한 능력을 찾아내라! '평범함 이하'였던 내가 해냈다면, 결국 누구든 해낼 수 있다!

과거는 우리가 나아가야 할 미래다.

― 내가 아는 모든 특수 요원들도 자신에 대해 누구보다 잘 아는 이들이고, 자기 자신을 누구보다 사랑하는 사람들이다. ―

훈련 후 실시하는 피드백은 차후 작전을 더 완벽하게 만든다.

리더가
되어야
리드할 수 있다.

초등학교 6학년이 되었다. 관심을 받지 않게 해달라는 기도는 학기 초에만 하더라도 만족스러울 정도로 잘 받아들여진 모양이라고 생각했다. 그러나 가장 큰 위기는 가장 평온할 때 온다던가! 곧 반장 선거가 열린 것이다.

"이번 반장 선거는 추천을 받아서 진행할 겁니다. 추천하고 싶은 친구가 있으면 손을 들고 추천해주세요."

엄청난 카리스마로 학년 전체 주임을 맡고 계시던 담임선생님의 말씀이었다.

이때까지 늘 반장은 성적순으로 선출되었다. 그런데 갑자기 추천으로 선출한다니! 말하자면 인기투표였다. 그래서 나는 영화관에서 팝콘 씹는 기분으로 지켜보자고 마음을 먹었다.

후보 몇 명이 추천을 받아서 나왔고, 슬슬 후보 선정이 마무리될 무렵이었다. 하필이면 내 성격을 잘 알던 녀석이 날 골탕 먹일 작정으로 갑작스레 나를 추천했다.

"선생님, 여기 한 명 더 있어요! 제가 추천하고 싶어요! 제 짝꿍이요!"

갑자기 모든 시선이 내게 쏠렸다. 역시나 금세 얼굴이 붉어지며 눈물이 쏟아지려 해 서둘러 고개를 책상에 처박았다.

"두고 보자! 이따 쉬는 시간에 넌 죽었어!"

아주 좋다면서 낄낄대며 웃는 그놈에게 분노를 폭발시키기도 전에 엄청난 후폭풍이 바로 내게 닥쳐왔다.

"자, 그럼 후보로 추천된 사람들은 한 사람씩 앞에 나와서 공약을 말해보세요!"

순간 짝꿍 녀석에 대한 원망과 분노가 치밀어 올랐다.

내 차례가 오자 역시나 온몸이 부들부들 떨리고 심장소리가 뇌까지 울려 퍼졌다.

'그래, 까짓거 한번 말이라도 해보자! 그냥 적당히 한마디만 하면 되는 거야!'

이런 생각을 품고서 아이들과 선생님 앞에 당당하게 마주섰다.

갑자기 고요해진 교실…. 모두가 나를 바라보고 있다.

그리고 난… 울었다. 역시 병이었던 것이 확실하다.

웃음바다가 된 교실을 뒤로하며 아무 말도 못하고 곧장 자리로 돌아왔다. 시작부터 이 모양이었던지라 어쩐지 예사롭지 않았다.

개표 시작!

매우 치열할 거란 예상을 깨고 매우 압도적인 개표 결과가 발표되었다.

"자, 6학년 1학기에 우리 학급을 이끌어갈 반장은 바로, 박. 광. 철.입니다!"

내가… 반장이…되었다!

나를 추천했던 녀석이 나보다 더 놀란 거 같았다. 선생님은 당황하시면 안되는데… 무척이나 당황하신다.

도대체 무슨 일이 일어난 걸까? 이 미스터리는 지금도 풀리지 않고 있다.

다만 긍정적으로 추측해보자면, '난쟁이 똥자루' 같은 내 모습이 '조그마해 귀여워 보인다'는 이유로 다른 아이들에게 어필이 된 건 아닌가 싶다. 혹은 반장 선거 이래 최초로 눈물을 보였다는 전무후무한 사건이 다른 아이들의 마음을 움직였는지도 모른다.

리더가 되어야 리드할 수 있다.

하지만 나는 이 '엄청난 시련' 앞에서 번민했다.

'도대체 왜 내게 이런 시련이 닥친 거야?'

이런 내 마음을 아는지 모르는지, 아이들은 환호하며 박수를 쳤다.

역시나 선거가 끝나자마자 선생님께서 곧장 나를 부르셨다.

'그래, 잘됐다! 앞에 나서지도 못하는데 무슨 반장을 하겠다고! 얼른 가서 그냥 못하겠다고 말씀드려야지.'

하지만 역시 모든 게 내 마음대로 풀리지 않았다.

"광철아, 걱정할 필요 전혀 없어. 부반장도 있고, 또 선생님도 많이 도와줄게. 우리 함께 한번 잘해보자."

선생님께선 이미 혼란스러운 내 마음을 읽으셨다. 그 따뜻한 위로에 또 눈물이 쏟아질 것도 아셨는지 서둘러 돌려보내셨다. 마지막 기회까지 이렇게 보내고 나니 이제는 정말 되돌릴 수 없었다.

추천부터 선출까지 단 한마디도 하지 않고 이렇게 진짜 반장이 된 것이다.

아무도 내게 관심을 갖지 않게 해달라는 소원이 하루아침에 산산조각이 나고, 나는 이때부터 아이들의 집중적인 관심 대상이 되었다.

"학교 끝나고 우리 집에서 놀래?"

"숙제 같이 하자."

"칠판에서 내 이름 좀 지워주라!"

"오늘 청소 당번은 누구야?"

"너는 뭐 하는 거 좋아해?"

일일이 대응하기도 무척 버거웠다.

담임선생님의 호출도 상당히 많았다. 학년 전체 주임이 셨던 담임선생님은 누구보다 바쁘셨고, 그래서 전달사항이 있으면 꼭 나를 다른 학급에 대신 보내셨다.

그중에서 특히 수업 중인 다른 학급에 들어갈 때가 가장 두려웠다. 노크를 하는 순간 싸하게 느껴지는 고요함, 아울 러 교실 문을 열었을 때 내게 집중되는 그 시선들은 지금도 잊지 못할 정도로 부담스러웠다.

하지만 "자리가 사람을 만든다", "인간은 적응의 동물이다" 라고 하지 않던가. 언제부터인가 나도 이런 관심에 익숙해 졌다. 함께 숙제하고, 함께 게임하고, 함께 웃고, 함께 혼나고, 함께… 함께… 함께하면서 말이다.

다른 이들과 함께 무엇인가를 했을 때 느끼기 마련인 엄 청난 에너지를 어쩌면 이때 깨우쳤는지도 모른다. 오히려 혼자일 때가 불편해졌다. 누군가가 나를 부르거나 찾아주는

리더가 되어야 리드할 수 있다.

것이 즐거웠다. 모두가 나를 좋아해주는 것처럼 느끼게 된 것이다.

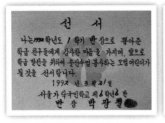

첫 리더의 자리

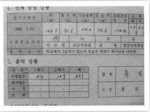

최고 악골

내 일상에서도 작은 변화가 조금씩 나타나기 시작했다. 친구들이 나더러 너무 재밌고 웃기다고 말하기 시작한 것이다. 내가 한때 개그맨을 꿈꾼 이유가 이 때문인 것 같다. 키 큰 여자친구들은 내 머리 위로 팔꿈치를 걸쳐놓고선 "땅콩 같아 귀엽다"고 했다. 반에서 항상 키순으로는 1번이었고, 몸무게도 가장 적었으니 충분히 그럴 만하다. 아마도 내가 평생 누릴 인기를 이때 다 누린 것 같다.

변화는 이뿐만이 아니었다.

혹시나 상대방이 상처를 받을까봐 조심스럽고 소심하게

말을 건네던 내가, 이제는 거침없이 말을 내뱉고 있었다. 이 또한 친구들을 주도하는 성격으로 변화한 덕분이었다.

난생 처음 손을 들고 발표해봤다. 또, 항상 피하기만 했던 축구공이 내 발과 처음으로 마주하며 인사했다. 분명 처음이었는데도 친구들은 "언제부터 축구를 잘한 거야?"라며 부러워했다. 그 전에는 보는 것조차 끔찍했던 축구공이 지금 내 방 한가운데에 놓여 있는 이유이다.

학교 가는 것도 너무 즐거워서 제일 먼저 등교했다. 따라서 등교하는 친구들이 반갑게 인사하고, 나도 웃으며 맞이한다. 다른 반 친구들도 나를 알아보고 반갑게 인사한다. 요즘 말로 '슈퍼인싸'가 된 셈이었다.

이로써 모든 일에 자신감이 생겼고, 활력도 넘쳐났다. '어떤 녀석의 장난'이 나를 둘러싼 모든 것을 변화시킨 것이다.

변화는 나 자신을 알게 했다. '이전과는 다르다'는 이유로 나 자신에게 자연스럽게 관심을 보이게 되었기 때문이다. 그리고 이때부터 그동안 깨닫지 못했던 나 자신의 놀라운 잠재력을 발견하기 시작했다.

리더가 되어야 리드할 수 있다.

리더가 되어 변화를 리드하라!

어쩌다 보니 반장이 되었다. 리더가 된 것이다! 만약 이 기회를 잡지 못했다면 내 인생은 또 어떻게 달라졌을까? 아마 내게 변화의 시간이 더 필요했을지도 모른다.

그렇다면 리더란 과연 무엇이기에 그 자리에 앉는 것만으로도 사람이 이렇게 변화될 수 있는 것일까? 나는 리더란 '모두를 대표하는 얼굴이며, 거부할 수 없는 책임감'이라 정의하고 싶다.

리더는 조직의 대표이기에 늘 올바른 판단을 과감하게 할 수 있는 결단력을 갖춰야 한다. 리더 하나로 인해 조직 전체가 위험에 처하거나, 긍정적이든 부정적이든 남들의 평가를 온전히 감당해야 하기 때문이다. 리더의 잘못된 판단이 조직원 모두의 목숨과 직결된다면 미치지 않고서야 신중하지 않을 수 있을까!?

또한 모든 책임은 리더에게 있다. 책임이 없다면 그건 리더가 아니다.

미국 대통령 해리 트루먼은 "일본인 모두를 죽게 하더라도 항복하지 않겠다!"는 일본 극우주의자들의 극단적인 망언에 "공은 내 앞에서 멈춘다!"는 말을 하면서 원자폭탄 사용을 결정했다고 한다. 미국의 리더로서 원자폭탄 사용에 따른 모든 책임을 지겠다는 뜻이었다. 이렇듯 리더는 죽기보다 하기 싫은 일도 어쩔 수 없이 해야 하고, 또 해야 하기 때문에 억지로라도 반드시 움직여야 한다.

　나는 어쩌다 보니 리더(반장)가 되었다. 발등에 불이 떨어진 것이다. 그런데 어찌 가만히 있겠는가! 발등의 불을 떨치려 몸부림을 쳐야 하지 않겠는가! 이 몸부림에서 바로 변화가 시작된다. 해리 트루먼 부통령도 전임자이자 '위대한 대통령'이라는 칭송을 받던 프랭클린 루스벨트 대통령의 급작스런 서거로 대통령직을 승계받자 "밤하늘의 별들이 나를 덮치는 것 같았다!"는 말로 그때의 두려움을 표현했다.

　내 변화 또한 '갑자기 리더(반장)가 되었다! 어쩌지?' 하는 두려움과 그에 대한 몸부림에서 시작되었다. 역시나 리더의 자리가 사람을 변화시킨 것이다. '어쩌다 보니 리더가 되었다'는 상황과 환경이 작은 움직임을 만들고, 이 작은 움직임이 경험으로 이어지면서 나를 변화시킨 것이다. 나처럼 누군가에게 떠밀리든, 어차피 하게 될 거 자발적으로 선택

리더가 되어야 리드할 수 있다.

하든 결론은 하나다.

"아주 작은 모임이라도 좋다. 지금 당장 리더가 되어보라."

리더가 되었다면 그다음에는 '수없이 실패해봐야' 한다.

처음부터 잘하는 리더가 있을까? 좋은 리더라는 칭송을 받는 이들도 소위 흑역사(黑歷史)가, 감추고 싶거나 부정하고 싶은 과거가 있기 마련이다. 이렇듯 누구나 원하는 품격이 있는 리더, 자질과 능력을 갖춘 최고의 리더는 절대 한 순간에 탄생하지 않는다. 위인전에 등장하는 수많은 리더들이 이미 이를 증명하고 있다. 수없이 많은 시련과 고통의 흑역사를 딛고 결국 최고의 리더의 자리에 앉지 않았던가!

물론 '실패는 리더의 소양'이라면서 일부러 실패하는 바보는 없다. 그렇다면 수없이 실패하기 위해서는 어떻게 해야 할까? 그 해답은 매우 단순하다. 조장, 체육부장, 러닝 크루 대장 등 어느 모임의 리더가 되었다면 이 사실만 잊지 않으면 된다.

'내가 이 모임의 리더다!'

어차피 리더가 된 당신을 위한 환경은 주변 사람들이 조성해줄 것이고, 당신은 반드시 움직이게 되어 있다. 그러면서 많은 것을 느끼게 될 것이다. 행복, 뿌듯함, 후회, 숨어버리고 싶을 정도의 창피…. 이런 감정이 많으면 많을수록 좋다. 수많은 감정이 리더인 당신의 밑거름이 될 것이다. 그리고 어느 순간 많은 사람들로부터 인정받는 좋은 리더가 되어 웃고 있을 당신을 보게 될 것이다.

병적일 정도로 내성적이고 소심했던 나 또한 현재 '최고의 특수부대'라고 자부할 수 있는 경찰특공대의 전술팀장(리더)이 되지 않았는가. 또한 '긍정의 아이콘', '친화력의 귀재'라는 평도 듣고 있다. 그러니까 내 인생의 전환점이라 할 수 있는 첫 반장의 자리에서 시작해 대학생 시절의 과대표, ROTC(학생군사교육단) 임관 후 소대장, 부중대장, 중대장 자리를 거쳐 현재 전술팀장의 자리에 이르기까지, 나는 이렇듯 크고 작은 리더의 자리들을 직접 경험하면서 변화했고, 또 성장해왔다. 오늘보다 내일이 기대되는 새로운 나로 진화한 것이다.

나도 '가장'이라는 리더의 자리에서 실패를 경험했다. 하지만 이런 흑역사에 대한 두려움조차 나를 멈추지 못했다. 물론 내가 '좋은 리더'라고 자부할 수는 없지만, "지금도 성장하고 있는 리더임은 분명하다"고 감히 말할 수 있다.

나는 지금도 더 많은 걸 처절하게 느끼고 경험하기 위해

리더가 되어야 리드할 수 있다.

새로운 리더 자리에 도전하고 있다. 내 안에 일어났던 변화와, 나를 성장시켰던 그 기적 같은 감정을 계속 느끼고 싶어서다.

더이상 무슨 말이 필요하겠는가! 지금 당장 당신을 필요로 하는 리더의 자리에 올라 당신의 꿈을 리드해보라! 더욱 성장해가는 당신의 모습을 반드시 발견하게 될 것이다.

707 대테러특수임무단 1지역대 1중대장
난생 처음 팀장이 되었다.

인생에서
버려야 할 것은
아무것도 없다.

처음부터 '끼가 보이는' 사람이 있다. 그 끼는 바로 달란트다. '잘한다!'는 평을 받았던 일, 자주 칭찬을 받았던 일을 떠올려보라. 그러니까 동일한 조건에서 남들보다 잘했던 것, 혹은 월등하게 앞섰던 것'이 바로 당신의 달란트다. 나는 내 달란트를 확인하기 위해서, 또 내 인생의 가장 어두웠던 시절에 내 꿈을 실현시키기 위해서 과거로 여행을 떠났다.

과거로의 여행은 '추억 되짚어보기'가 아니다. 핵심 목표는 자아 성찰을 통해 나를 알아가는 것이며, 그보다 더 중요한 목표는 바로 내 달란트를 발견해내는 것이다.

초등학교 6학년 1학기, '나라는 존재를 누군가가 알아준다!'는 사소한 사실이 내 일상을 변화시키고, 활력도 준 것으

사실이다. 하지만 사람이 어디 쉽게 변하던가!

내가 어릴 적 중학교 배정 시스템은 소위 '뺑뺑이 돌리기'에 의해 이루어졌다. 그런데 운명의 장난처럼 나 혼자만 다른 중학교에 덜렁 배정된 것이다. 단 한 명의 친구도 중학교에 없다는 사실은 나를 절망시켰다. 그리고 나는 아주 무서운 속도로 예전의 '소심한 나'로 되돌아갔다.

중학교 시절에 가장 큰 변화가 있었으니, 바로 신체적 변화였다. 초등학생 시절에는 단 한 번도 1번을 놓치지 않았던 내가 이제는 7번이 된 것이다. 중학교 2학년 겨울방학 때에는 키가 무려 20센티미터 이상 자랐다. 키라도 커져서 다행이라고 부모님께서는 좋아하셨지만, 키만 커졌을 뿐 몸무게는 그대로인지라 오히려 더 삐쩍 말라 보였다. 다들 "뼈다귀가 걸어 다닌다!"고 할 정도였다.

이렇듯 외모든 성격이든 어느 하나 마음에 드는 게 없던 중학교 3년의 시간 내내 내 자존감은 그야말로 바닥까지 추락했다.

내가 중학교에 다닐 때에도 '일진'이 존재했다. 물론 학교에는 꼭 일진들만 존재하는 것도 아니다. 즉, '육진'도 존재한다. 물론 나와 친구들이 만들어낸 단어다.

'육진'의 조건도 나름 까다롭게 만들었다. 학급 50명 중 40~50등 정도를 유지해야 했으며, 우리 육진의 존재를 그 어느 누구도 알게 해서는 안 되었다. 남들의 눈에는 아주 찌질해 보여서 아예 도태될 수 있기 때문이었다. 그러니까 마치 유령처럼 존재감을 느낄 수 없는, 공부와 운동을 적당히 하면서 작은 말썽조차 일으키지 않아야 '육진'이 될 수 있었다.

이 당시를 떠올려 보니 친구들과 이런 생각을 하며 놀았다는 사실 자체가 '내가 육진이었음'의 증거가 아닌가 싶다. 중학생 시절에 대한 특별한 기억이 좀처럼 없는 이유도 어쩌면 존재감 없는 육진의 삶에 충실했다는 반증이 아닐까?

중학교 첫 중간고사에서는 전과목 평균 63점을 받으며 반에서 42등을 했다. 당시 50명의 학생들로 학급이 구성되어 있었으니 거의 꼴찌를 한 것이나 마찬가지인 성적이었다. 항상 조용히 수업에 집중했고, 시험공부도 열심히 했던 나다. 도저히 말도 안 되는 점수에 화가 났다. '누구에게도 지기 싫다!'는 승부욕이 잠재력으로서 발휘되자 성적표를 받은 바로 그날부터 기말고사를 준비했다.

나는 목표가 생길 때마다 계획 세우기를 좋아했다. 물론

인생에서 버려야 할 것은 아무것도 없다.

계획은 계획일 뿐인지라 수도 없이 수정하고 찢어버리기도 했지만, 작은 목표에 대한 계획이라도 세울 때의 과정들이 먼 미래에 꿈을 이루기 위한 최고의 전략을 수립하는 데 결정적인 역할을 해준 것 같다.

'이 정도면 10등 안에는 들겠지!'

그러나 기말고사 결과는 평균 72점에 41등이었다. 자정까지 공부하는 등 정말 최선을 다했는데, 겨우 1등 밖에 안 오른 것이다! 결국 공부에 대한 흥미를 완전히 잃었다. 하지만 이런 내게 부족했던 것은 바로 끈기였음을 이 당시에는 몰랐다.

이쯤에서 현재의 나를 돌아보자. 경찰특공대 수석 합격, 중앙경찰학교 수석 졸업, 최단기간 승진시험 합격, 그리고 현재 팀장의 임무를 수행하는 나! 더 놀라운 사실은 이 모든 결과를 바로 공부를 통해서 이루었다는 사실이다. 간절함과 끈기, 합격을 위한 최고의 전략이 만들어낸 놀라운 기적이다. 그래서 매년 승진시험 시기가 오면 많은 직원이 내게 찾아온다. 어떻게 공부해야 하는지, 어떻게 준비해야 하는지 묻기 위해서다. 이들이 이전의 나를 안다면 어떤 반응을 보일까? 인생 참 재미있다.

더군다나 내 잠재력 중 최고의 능력은 바로 죽기보다 싫어했던 체육 과목, 특히 축구다. 공과 발이 처음으로 인사했던 초등학교 6학년 여름 이전에는 트라우마와 다름이 없던 이 축구라는 놈은, 오늘날 내 인생에서 없어서는 안 될 취미 생활이자 내 삶의 방향을 송두리째 바꾼 구세주와 같은 존재다. 이 또한 참 재미나지 않는가.

사실 '육진'의 조건인 '공부도 운동도 적당히 하라'는 조건을 유일하게 깬 것이 바로 축구였다. "늦게 배운 도둑이 날 새는 줄 모른다"는 말처럼 중학교 3년 내내 밥 먹고 축구만 했다. 맞벌이를 하시던 부모님 덕분에 운동장에서 사는 게 가능했고, 밥 먹기도 싫었던 내가 갑작스레 키가 크게 된 것도 갈증을 물 대신 우유로 풀게 한 축구 덕분이었다. 축구를 하면서 처음 느껴본 친구들의 환호와 박수 또한 희열, 열정, 그리고 '어디서든 당당한 나'를 찾을 수 있게 해주었다.

이렇듯 나는 이 짧은 여행에서 늦게 출발한 나를 다른 누구보다 앞설 수 있게 해준 놀라운 잠재력에 대해 되짚어 보았다. 단순히 옛 기억을 추억하자는 과거여행이 아니다. 당신도 과거를 돌아봄으로써 자신의 무한한 잠재력을 이끌어 내야 한다. 물론 잠재력을 찾아내는 일을 하겠다고 마음을

인생에서 버려야 할 것은 아무것도 없다.

먹는 것도 당신의 선택에 달렸다. 이왕이면 지금 당장 떠나자고 결심하라! 내 능력을 찾겠다고 선포하라! 그리고 경험해보라! 나 자신에게 던지는 끊임없는 질문들이 그 해답을 반드시 찾게 해줄 것이다.

선택을 하는
사람은
바로 당신이다.

맞벌이를 하느라 바쁘신 부모님의 교육 철학은 단 하나였다. 우리 두 형제에게 좋은 교육 환경을 제공해주는 것이었다. 아마 우리와 함께하는 시간이 부족했던 것에 따른 미안함 때문이지 않았을까 싶다. 그래서 '8학군' 내에 있는 고등학교를 배정받을 수 있도록 일부러 이사를 가지 않으셨다. 물론 아무 생각 없는 '육진'이 이런 사실을 알 턱이 없었다. 그래도 부모님의 바람대로 지금은 사립학교가 된 고등학교에 진학했다.

고등학생이 되면 대학을 갈 준비를 하느라 바빠지기 마련이다. 하지만 내겐 마치 다른 세상 이야기와 다름이 없었다. 남들이 입시를 준비하거나 말거나, 난 아무 생각이 없었다. 그래도 막연한 꿈은 있었다. 바로 축구선수였다. 하지만 내가

선택을 하는 사람은 바로 당신이다.

다니던 고등학교에는 정식 축구부가 없었다. 그래서 꿈을 이루려면 축구부가 있는 다른 학교로 전학을 가든가, 아니면 사전 테스트라도 받아야 했다. 그런데도 '교내 축구동아리에 들어가서 이름 좀 날리면 어떻게든 되겠지' 같은 막연한 생각만 했다. 지금 돌아보니 참 개념이 없었다.

고등학교 2학년이 되면서 이 막연한 꿈마저 산산조각이 났다. 축구선수가 꿈이라고 당당히 말했던 내 실력을 담임선생님께서 보시고는 냉정하게 평가해주신 것이다.

"광철아! 선생님이 객관적으로 판단해 보니, 친구들보다는 잘하는 것 같긴 하구나. 하지만 정말 특별한 건지는 잘 모르겠어. 축구는 그냥 취미 정도로만 하는 건 어떨까?"

충격과 공포에 휩싸인 나는 그날부로 축구선수가 되겠다는 꿈을 포기했다.

지금와서 생각해보면 정말 신기한 일이다. 내 유일한 기쁨이었던 축구를 담임선생님의 말 한마디에 그렇게 쉽게 포기했으니 말이다.

그런데 인생은 타이밍이라고 하지 않던가! 꿈을 포기한 바로 그때 반 편성을 새로 했고, 새 짝꿍이 배정되었다. 새 짝꿍은 그야말로 말로만 들어왔던 '전교 1등'이었다. 부모님께서 왜 환경을 강조하셨는지를 곧 깨닫게 되었다.

성이 '주씨'였던 이 친구가 내게 준 영향력은 실로 놀라 웠다. '모범생' 하면 흔히 떠올리는 동그랗고 커다란 안경을 쓰고 하루 종일 공부만 하는, 한마디로 공부에 미친 아이 와는 전혀 달라서였다. 물론 무엇인가에 집중하고 있을 때 에는 말을 걸어도 대답이 없을 정도로 몰입하는 집중력은 혀를 내두르게 했다. 그러면서도 공부는 물론 모든 일상에 서 활력이 넘쳤고, 적극적이며 열정적이었다. 공부벌레의 천적인 체육도 잘하고, 어떤 일이 닥치든 미소를 잃지 않는 사교적인 모습까지 갖췄다. 모든 것이 완벽한, 마치 소설 속 에서 튀어나온 인물 같았다.

"사람이 어떻게 저럴 수 있지?"

나는 시기와 질투를 넘어서 그를 진심으로 부러워하고 있었다. 그래서 '어떻게든 친하게 지내자'는 결론을 내리고서 상당히 빤한 질문을 던졌다.

"공부를 한번 해보고 싶은데, 어떻게 공부해야 할까?"

"학원은 다니지 않고 교과서 중심으로 최선을 다하면 된다" 같은 답변은 다행스럽게도 나오지 않았다. 스토리텔링을 활용한 암기법, 공부와 휴식의 조화, 영어 문장 통째로 외 우기, 시험관의 출제 의도 파악 같은 진심 어린 조언과 친절

선택을 하는 사람은 바로 당신이다.

한 말투에 나는 하마터면 눈물이 날 뻔했다.

아울러 이로써 지금까지 내가 '최선을 다하는 중'이라면서 한 건 공부가 아니라 헛짓거리였음을 처절하게 깨달았다. 공부란 놈에 대한 접근 방식과 요령 등을 전혀 몰랐기에 아무리 해도 안 되었던 것이다. 그래서 다시 도전해보고 싶었다. 이 친구도 내 간절한 마음을 알았는지 적극적으로 도와주었다.

이 친구 덕분에 고등학교 2학년 첫 중간고사에서 평균 85점에 10등이라는 쾌거를 달성했다. 물론 기초가 부족했던 수학 과목은 40점을 받았지만, 나머지 모든 과목의 점수는 너무나 훌륭했다. 그리고 이는 내게 또 하나의 선물을 안겨주었다. 바로 내가 단순암기력이 뛰어나다는 사실을 깨우치게 해준 것이다.

이즈음에 내가 정리한 공부 노하우를 간단히 소개하겠다. 이에 대해서는 '제3부. 목표를 달성하기 위한 최고의 전략'에서 더 자세히 다루겠지만, 일단 몇 가지 중요한 포인트를 전하고자 한다.

나는 6개월 만에 경찰특공대시험에 합격했다. 공무원시험을 패스한 것이다! 2개월간 동영상 강의를 시청한 뒤,

나머지 4개월간 5개 과목(형법, 형사소송법, 경찰학개론, 한국사, 영어)을 마스터함으로써 평균 93점이라는 놀라운 쾌거를 이루어냈다. 또한 합격 후에도 단기간에 팀장의 자리에 오를 수 있을 정도로 최고의 전략을 짰다. 그 내용은 다음과 같다.

첫째, 동영상 강의의 주목적은 중요한 포인트를 책에 표시하는 것뿐이다!

내용을 가벼운 마음으로 이해하는 것은 괜찮겠지만, 절대로 들으면서 암기하려고 해서는 안 된다. 능력이 된다면 2배속으로 체크하는 것도 가능하지만 말이다. 어차피 진짜 공부는 강의를 다 듣고 난 뒤부터 시작된다.

둘째, 딱 한 놈만 골라 확실하게 씹어 먹어야 한다.

사실 수험생들은 불안하고 조급해서 여러 문제집을 구입해 모두 풀어본다. 마음을 달래려는 건 이해할 수 있지만, 이렇게 하면 머릿속에서 아무것도 정리되지 않는다.

가장 보기 좋고 가장 애정이 가는 최고의 문제집을 선택하라! 그리고 이 문제집 하나만은 확실하게 씹어 먹어라! 무엇보다 중요한 것은 '반드시 좋은 결과를 기대할 수 있다!'

선택을 하는 사람은 바로 당신이다.

는 강력한 믿음을 갖는 것이다. 그리고 10번이든 100번이든 반복하라! 시험 당일 당신의 머릿속에서 이 책의 모든 페이지가 좌르륵 펼쳐질 것이다. 하지만 여러 문제집을 섭렵한 누군가는 어느 것 하나 명확하고 분명하게 생각나지 않을 것이다.

셋째, 명확한 데드라인을 확실히 정하라.

공무원시험에서 수많은 장수생이 발생하는 가장 큰 원인이 무엇일까? '언제까지 이루겠다!'는 명확한 데드라인을 설정하지 않아서다. 그러니 당신의 모든 것을 쏟아부어라! '그 기간 안에 반드시 이루겠다!'는 굳은 결심을 하고서 말이다.

나는 고등학교 3학년이 되어서야 대학에 갈 준비를 하기 시작했다. 그런데 아무 생각 없이 살던 내가 갈 수 있는 대학은 서울 안에 단 하나도 없었다. 어처구니없게도 이때까지 나는 '서울에 있는 대학은 졸업만 하면 당연히 가는 곳'인 줄 알았다.

불행 중 다행히 내신성적은 고등학교 2학년 첫 중간고사 이후 줄곧 반에서 5등 정도를 유지했다. 그러나 어렸을 때부터 책과는 담을 쌓고 축구만 하느라 공부에 대한 기초지

식이 현저히 부족했다. 그래서 수학능력시험(수능) 모의고사 성적이 형편없었다. 모의고사는 학교에서 보는 시험과는 양상이 전혀 달라서 이해력 없이도 풀 수 있는 문제가 도통 없어서였다. 결국 아무리 노력해도 성적이 오르지 않았다. 답답한 마음이 계속 나를 압박해왔다.

8월이 되자 본격적인 대학 진학 면담이 시작되었다. 담임 선생님께서는 내 성적표들을 매우 신기하다는 듯 한참 바라보시더니 놀라운 제안을 하셨다.

"내신성적을 보니 서울에 있는 대학도 가능할 것 같아. 그런데 어떻게 수능 모의고사 성적이 이렇게 개판이지? 이러다간 재수해야 해! 선생님이 제안 하나 할까? 광철이 너는 운동신경이 좋아서 무엇이든지 곧잘 하니까 예체능계열로 바꿔보는 건 어떨까? 성적도 오를 거 같고, 서울에 있는 체육대학도 가능할 거 같은데?"

"예, 선생님! 저 예체능으로 바꿀게요!"

'운동도 잘한다'는 담임선생님의 한마디에 또 그렇게 쉽게 내 인생은 바뀌었다.

사실 '체육대학(체대)'이라는 데가 뭔지 정확히 알지도 못했다. 그지 축구할 때 운동깅에시 체대를 준비하는 친구들을

선택을 하는 사람은 바로 당신이다.

본 게 전부였다. 게다가 그런 친구들은 고등학교 1학년 때부터 체대를 목표로 체육입시학원을 다니며 운동을 시작한다. 그런데 나는 고등학교 3학년, 그것도 8월부터 시작한다고 하니 친구들은 어이없어했다.

다행히 학교에서 체대입시반을 운영했기에 따로 체육입시학원을 다닐 필요가 없었다. 그래서 부모님께 말씀드리고 바로 운동을 시작했다. 학교마다 실기종목이 다르지만 공통적인 종목은 있다. 바로 턱걸이와 제자리멀리뛰기다. 모든 게 처음이라 낯설기만 했던 첫 테스트 결과는 정말 참담했다. 턱걸이는 단 한 개도 제대로 하지 못했고, 제자리멀리뛰기는 최하 점수에도 못 미쳤다.

난 축구를 좋아했지만, 입시와 관련된 모든 종목과는 맞지 않았다. 빼빼 마른 약골이었기 때문이다. 그렇게 좌절하려던 그때, 모의고사 성적이 거짓말처럼 상승했다. 물론 예체능 시험의 난이도 자체가 다르기 때문에 가능한 일이었다. 더욱이 '유명한' 대학들은 성적의 비중이 높고, 실기의 비중은 낮았다. 내게도 희망의 빛이 깃든 것이다.

'대학'이라는 목표를 설정하고 노력하긴 했지만, 사실 어떤 꿈이나 목표를 명확히 가지고 있었던 것은 아니다. 그저 친구들과 함께 운동하는 게 즐거웠을 뿐이다. 친구들이 하니까 그냥 따라했을 뿐이다. 마음자세가 이러니 2개월이 지나도 여전히 턱걸이 한 개조차 힘겨웠다. 그 순간 나 자신에게 화가 났다. 나는 안 그래도 자존감이 낮았다. 그래서 어느 누구에게도 무시당하는 것이 싫었다. 이에 기반을 둔 승부욕 또한 잠재력이었을까?

이제껏 쌓아왔던 작은 성취감들을 되새기자 '나도 해낼 수 있다!'는 의지가 되살아났다. 손바닥의 살점이 벗겨져나가도 매달리고 또 매달렸다. 다른 입시 종목들을 할 때에도 매 순간 한계에 봉착했지만, 모든 힘이 바닥나 쓰러질 때까지 뛰고 또 뛰었다. 준비할 수 있는 기간은 짧았지만, 내 가장 큰 잠재력인 운동신경이 늘 발휘되었다. 이로써 이 볼품없는 약골의 몸이 친구들을 조금씩 따라잡기 시작했다. 노력의 결실이 보이기 시작한 것이다!

시간은 순식간에 지나가고, 어느덧 수능이 끝났다. 만족스럽지는 않았지만 벌벌 떨었던 거에 비하면 다행스런 선방이었다. 대학교별 실기시험도 모두 끝났다. 그래서 어떻게 되었냐고? 모두의 예상을 뒤엎고 나는 당당히 성균관대학교에 합격했다.

선택을 하는 사람은 바로 당신이다.

기쁨을 도저히 주체할 수 없어 곧장 화장실로 달려갔다. 아무도 없는 화장실. 거울 속에 왠 삐쩍 마른 '뼈다귀 인간' 이 서 있었다. 나는 거울 속 그놈에게 소리쳤다.

"야, 이 자식아! 너 이제 진짜 대학생이야!"

| 꿈을 이루는 비전의 원칙 |
어떠한 선택이든 했다면 끝장을 보라!

'아무 생각 없이 살던 내가 어떻게 체육대학까지 진학했을까?'

어렸을 적부터 나를 잘 아는 친구들은 '넌 항상 운이 좋아' 라고 말한다. 그래서 나는 정말 내가 운이 좋은 줄 알았다. 기가 막힌 타이밍으로 항상 기회를 잘 잡은 것만 같았다. 하지만 지금 생각은 전혀 다르다. 그렇다면 무엇이 나를 행운으로 이끌었을까?

나는 분명히 꿈도 없었고, 세상이 어떻게 돌아가는지도 모르는 바보였다. 그런데 어떻게 된 것이 하는 일마다 이루어내는 행운을 잡았다. 그 이유가 뭘까? 그래서 나 자신에게 물었다.

"난 도대체 무엇을 어떻게 한 거지?"

어떤 선택이든 해야 할 때마다 내게는 결정권이 없었다. '하라'고 하면 했고, '하지 말라'고 하면 하지 않았다. 그저 시키는 대로 잘 따랐을 뿐이다.

그랬다! 바로 그거였다. 나는 잘 따랐다.

시키는 게 중요한 것이 아니다. '잘 따르는 것'이 중요하다. 선택은 누구나 하게 되지만, 선택을 하는 것은 언제나 나 자신이다. 그리고 그 결과를 책임지는 것도 나 자신이다.

아무것도 모르기에 채우기가 더 쉽다고 했던가? 선택을 해야 할 때 이것저것 따지지 않고 바로 행동으로 옮겼던 게 내 미래의 기반이 되어준 것이었다.

그렇다! 난 단지 운이 좋았던 게 아니다. '의지 없는 선택'도 내가 한 것이며, 선택을 해야 할 때 바로 반응한 것도 나 자신이었다. 선택한 후에는 최선을 다해 결과를 얻어냈다.

최선을 다하는 과정에서 승부욕과 운동신경, 암기력 같은 잠재력을 이끌어냈다. 잠재력이 발동하지 않았다면 내 미래는 또 어떻게 달라졌을까? '아무것도 하지 않으면 아무일도 일어나지 않는다'는 것을 실감하는 순간이다.

선택을 하는 사람은 바로 당신이다.

두 종류의 후회가 있다고 한다. 미처 해보지 못한 것에 대한 후회, 그리고 해보고 난 뒤의 후회이다. 이왕 할 후회라면 반드시 '해보고 난 뒤의 후회'를 해야 한다.

만약 고등학교 3학년 여름의 상담 때 "선생님, 저더러 체육대학에 가라고요? 그런 곳은 운동신경도 엄청나고, 덩치도 우락부락한 근육맨들이나 가는 곳이잖아요!" 하면서 손사래를 치며 포기했더라면 더 나은 미래를 기대할 수 있었을까? 아마 지금과 같은 현재는 없었을 것이다. 그리고 그로부터 가까운 미래에 '아, 그때 선생님 말씀대로 체육대학에 도전이나 해볼 걸!' 하는 후회를 하며 술잔이나 빨았으리라.

물론 나는 그러지 않았다. 내 의지에 의해서는 아니었더라도 축구선수라는 막연한 꿈을 즉각 내려놓고 미지의 분야에 발을 내딛었다. 그러고 나서 무엇을 했는가? 그렇다! 최선을 다했다. 최선을 다했기에 좋은 결과가 나온 것이다.

이쯤에서 내가 꼭 하고 싶은 말이 있다. 만약 그 선택의 결과가 좋지 않았더라도 분명 그 선택 덕분에 무엇인가를 얻었으리라는 사실이다. 이것이 지금 당신에게 꼭 전하고 싶은 중요한 메시지다. '분명 무엇인가를 얻게 된다!'는 믿음 같은 것 말이다. 그리고 그 무엇인가는 결과에 상관없이 또 다른 내 미래에 좋은 영향을 미쳤으리라.

무슨 말인지 이해를 못하겠다고? 그러면 깔끔하게 정리해주겠다.

당신이 무엇인가를 선택해야 할 때 다음과 같이 해보라!

첫째, 하지 않는 것보다 하는 쪽으로 도전하라! 그렇다! 해봐야 한다.

둘째, 하기로 결정했으면 최선을 다하라!

여기서 말하는 '최선'이란 '할 수 있는 모든 방법을 강구하면서 최선을 다하라!'는 말이다. 그리고 이보다 더 중요한 것이 있다. 바로 '어떤 결과가 나올 때까지 절대로 중도에 포기해서는 안 된다!'는 것이다. 이것저것 조금씩 맛만 보고 그만두거나, 그마저도 대충하는 둥 마는 둥 노력조차 하지 않는다면 결과와 과정 모두와 상관없이 아무것도 얻을 수 없다. 선택했다면 어찌되었든 최선을 다해 끝장을 봐야 한다!

이것저것에 대한 고민과 고뇌가 오래될수록 선택을 하기는 더욱 힘들어진다. 변화를 두려워하는 인간의 본질상 결국 합리화하며 현재에 안주하고 싶어질 것이다.

선택을 하는 사람은 바로 당신이다.

당신은 지금도 수많은 선택지와 마주하고 있을 것이다. 나 또한 리더가 되면서 선택해야 할 게 많아졌다. 그 덕분에 고민을 하는 데 많은 시간을 쓰고 있다. 선택의 문제로 세상 걱정을 몽땅 나 혼자 짊어진 것마냥 인상을 찌푸리고 있을 때, 쇼핑을 좋아하는 후배가 이런 말을 던졌다.

"살까 말까 망설이다가는 배송만 늦어질 뿐입니다."

적절한 비유다.

어떤 선택이든 좋다. 일단 시작하라! 그리고 일단 시작했으면 끝장을 보라!

경찰특공대 격파 시범
"무엇이든 끝장을 낸다!"

내 삶의
주인공은 바로 나다.
내가 주인공이고 톱스타다.

난 체육대학이 올림픽에 나가는 운동선수들이나 가는 곳인 줄 알았다. 그런데 내가 이곳에 와 있다니!

정문 옆 나무들과 꽃들이 갑자기 눈에 들어온다! 청명한 하늘의 구름이 너무나도 멋지다! 평소엔 보이지도 않던 것들이 보이기 시작하는 이유가 뭘까? 무엇을 더 물어볼 필요가 있을까?

바로 내가 '대학생'이 되었기 때문이다.

정문을 통과하자 드넓은 잔디밭이 시원하게 펼쳐져 있다.

'TV에서 대학생들이 삼삼오오 모여 게임도 하고, 책도 읽고, 데이트도 하는 곳이 바로 여기였구나!'

합격의 기쁨을 온 몸으로 표현하고 싶었다. 그래서 잔디밭

한가운데에서 큰 대(大) 자로 누워보고 싶다는 욕망을 그대로 실현했다. 이보다 더 행복할 수 있을까? 이 모든 도전을 내가 다 해냈고, 이 모든 결과를 내가 다 이루어냈다! 그리고 정말 다 끝났다! 만세다!

결론부터 말하자면 정말 말한 대로 다 끝났다. 대학교 합격은 인생의 최종 목적지나 다름없었으니까. 그래서 아무런 목표도 꿈도 없이 대학교 4년의 시간을 몽땅 놀면서 보냈다.

사실 고등학교를 졸업할 때까지 '여자친구'를 만들어본 적도 없었다. 관심이 없었던 건 전혀 아니고, 늘 '그냥 좋은 거'로 끝이었다.

술 역시 마찬가지였다. 대학생이 되고 나서야 처음으로 맥주와 소주를 접했다. 술을 처음 마신 날 심장이 얼마나 쿵쾅거렸던지! 지금도 기억이 생생하다.

이런 내가 절대 순수했다고 말하고 싶지는 않다. 그냥 '육진'이라서 그랬을 뿐이고, 그래서 눈에 띄지 않으려고 나쁜 짓도 안 했다. 그저 학교, 축구, 집만 아는 삶이었다. 지루하고 반복적인 일상 안에서 매우 수동적이고 '평범함 이하'의 삶을 살았을 뿐이다. 하지만 이로 인해 나는 아무것도 경험해보지 못했다. 그래서 이런 점이 지금도 후회스럽다.

이렇듯 '순수한 영혼'을 가진 내게 대학이란 학문을 연구하고 자질을 함양하는 교육기관이 아니었다. 이제껏 경험하지 못했던 것들을 마음껏 누리는 신세계였다. 내 대학생활은 이렇게 고삐 풀린 망아지처럼 혼돈 속에서 시작되었다.

미팅도 족히 100번은 한 것 같다. 여자친구를 사귀어보려는 목적보다 친구들과 모여서 노는 재미에 완전히 매료되어서였다. 술도 못 마시는 내가 미팅 자리에 끝까지 남아서 놀았던 걸 보면, 나는 친구들과 노는 걸 정말 미치도록 좋아했던 게 분명하다.

'포기하지 않고 끝까지 계속한다면 반드시 무언가를 얻을 수 있다'는 말을 기억하는가? 놀랍게도 미팅을 하면서 나는 또 하나의 잠재력을 발견했다. 바로 개그였다. 나는 미팅 자리에서 놀라운 순발력으로 분위기를 주도하며 사람들을 웃게 만들었다. 어릴 때에는 사람들 앞에 나서지도 못했던 내가, 대학생이 되어서는 미팅 자리의 분위기를 최고조로 치닫게 하는 사람이 된 것이다.

이 늦게 배운 도둑질에 환장한데다 '잠재력'까지 발견한 나는, 대학교에서의 4년 내내 단 한 번도 지치지 않고 성실하게 놀았다. 심지어 놀 시간이 부족할 정도였다. 문제는 '나만 그랬다'는 사실이다. 거짓말처럼 오직 나만 아무런 준

내 삶의 주인공은 바로 나다. 내가 주인공이고 톱스타다.

비도, 생각도 없이 마냥 놀기만 했다. 물론 나는 개그라는 또 다른 잠재력을 발견했지만, 좀 더 나은 것을 얻을 수 있었던 기회를 놓쳤다. 그래서 지금도 대학생 시절의 4년을 되돌리고 싶다.

친구들은 나와 놀기 바쁜 와중에도 자신들의 미래를 준비하고 있었다. 교육학이나 경영학 등을 복수전공하거나, 교수가 될 생각으로 운동처방학 같은 전공과목을 공부하는 것은 물론, 하다못해 영어회화학원이라도 꾸준히 다녔다. 사실 나는 친구들이 이렇게까지 미래를 준비하고 있는지 전혀 알지 못했다. 심지어 졸업할 때가 되어서야 이를 알게 된 뒤 배신감마저 느꼈다. 불행 중 다행히 때를 놓치지 않고서 ROTC에 지원을 했으니, 그나마 정말 다행이라는 생각이 든다.

ROTC에 지원하기에 앞서, 먼저 나를 군장학생에 지원하게 만든 '군대 열풍'은 체육과 친구들이 하나둘씩 군대를 가기 시작할 무렵 갑작스레 일어났다. 합격하면 대학 졸업시까지 대학등록금을 전액 지원해주며, 장교로 군 복무를 할 수 있다고 하니 솔깃했다. 물론 '등가교환의 법칙'에 따라 대학등록금을 받은 기간만큼 군 복무 기간은 늘어난다.

그러니까 '의무복무 기간 3년에 추가 4년'인 것이다. 하지만 '이게 어디야! 나라님, 감사합니다!' 싶은 조건이었다. 한 친구도 이렇게 말하며 부추겼다.

"등록금도 전액 지원에, 군대도 장교로 보내준다고? 안 그래도 취업난 때문에 난리도 아닌데, 군대에서 출퇴근하면서 월급도 받고, 이거 완전 대박이잖아! 무조건 해야 해!"

더군다나 하필 가장 친한 놈들이 다 지원한다고 하니 나도 따라갔다. 이게 다 '그냥 하라고 하면 하는' 실행력 하나라도 있었던 덕분이다.

군장학생시험은 학과성적 검토와 실기 평가, 그리고 면접으로 이루어졌다. 학과성적은 B+ 학점 이상만 되면 통과되었고, 실기시험이 합격의 결정적 요소로 작용했다. 물론 학과 특성상 실기 점수가 워낙 좋으니 우리 중 대개는 합격할 수 있었다. 이제 우리는 7년만 군대에서 근무하면 된다. 물론 말이 '7년'이지, 도대체 이 당시 나는 무슨 생각으로 이런 일을 쉽게 결정했는지 모르겠다. 역시나 다시 생각해 보니 소름이 돋는다. 지원을 할 때에도 군장학생이 뭔지 제대로 파악하지 못했고, 알려고 하지도 않았던 나였으니까. 지금 돌이켜보면 '정말 대충' 살았다. 그러므로 여러분만큼은 하나를 하더라도 제대로 해보기를 바란다.

내 삶의 주인공은 바로 나다. 내가 주인공이고 톱스타다.

내가 대학교 4년 내내 놀 수 있었던 이유는 이렇게 이미 갈 길이 정해졌기 때문이 아닐까 싶다. 심지어 부모님께서도 대학등록금도 지원받고, 장교로 군 복무를 할 수 있다는 것, 특히 내가 알아서 지원했다는 사실에 크게 기뻐하셨다.

"우리 아들, 드디어 철들었구나!"

이렇게 말씀하시는 두 분께 '조금 더 놀고 싶어서요'라는 말을 차마 할 수 없었다.

군장학생시험에 합격하고 얼마 지나지도 않았는데, 친구 한 놈이 또 갑자기 ROTC를 지원해야 한다고 말했다. 대학교 3학년과 4학년 때 군사 훈련을 받으면서 장교로 복무하는 제도인데, 우리 같은 군장학생이 ROTC도 합격하면 의무 복무 기간이 줄어들어 6년 4개월만 복무하면 된다나! 그러면서 친구는 또 무서운 말을 덧붙였다.

"이건 무조건 해야 해!"

'그래, 무조건 해야 하는 건 무조건 하는 거다!'

그래서 군장학생이 된 친구들과 우르르 몰려가서 우르르 합격했다. 아마도 군장학생 가산점과 실기성적이 합격의 결정적 요소가 된 것 같다.

"참 잘도 합격된다!"

내 실상을 모르는 친구들이 항상 내게 운이 좋다고 했던 이유를 이제는 이해할 수 있다.

그런데 ROTC까지 된 친구들은 사실 자신의 미래에 대한 청사진을 어느 정도 그리고 있었다. 그렇지 않고서야 20대의 대부분을 군대에서 보내겠다는 결정을 '나처럼' 쉽게 할 수 있었겠는가. 결국 미래에 대한 걱정이 없던 건 역시 나뿐이었다. 대단하다! 대단하다, 박광철!

3학년 첫 여름방학 ROTC 하계 훈련에 입소했다. 군대에 대한 기본적인 지식이라도 좀 알아보고 가는 '예의'를 차렸어야 했는데, 그러지를 않았던 덕분에 군복 단추 하나 제대로 끼지 못하고, 이름표 바느질도 간신히 해냈다. 그 결과 나는 전국에서 모인 대학교 ROTC 멤버 2,000~3,000명 가운데 전체 벌점 1위에 등극했다.

'하~ 아직 진짜 군대생활은 시작도 안 했는데…. 군대란 나랑 안 맞아도 너무 안 맞는 거 아닌가?!'

하지만 '돌아올 수 없는 다리'를 지난 지 이미 오래였다. 앞으로 6년 4개월을 어떻게 버텨야 한단 말인가 싶어 눈앞이 캄캄해졌다. 그 전에 당장 세 번이나 더 남은 방학 기간의 훈련조차 버틸 수 있을지 의문이 들었다. 친구들은 마치 캠프

내 삶의 주인공은 바로 나다. 내가 주인공이고 톱스타다.

장에라도 온 것처럼 좋다는데, 나에게는 오직 시련과 고비만 줄줄이 닥쳐왔다.

"귀관은 퇴교시켜도 무방한 최고의 벌점 머신이다! 하지만 퇴교시키려면 준비해야 할 서류도 너무 많고, 포기하기엔 아직 이르니 기회를 주겠다."

이렇게 말씀해주신 훈육관님께 깊은 감사를 전한다.

4년은 그리 길지 않았다. 졸업이 다가왔고, 이제는 진짜 군대에 가야 했다. ROTC 동기들은 어느 병과에 지원해야 할지 고민하기 시작했다. 건축학과 친구들은 공병을, 어떤 친구는 기갑이나 포병이 좋다고 했다. 가장 인기 없는 건 역시 보병이었다. 굳이 지원을 안 해도 보내졌고, 다른 병과에 지원했다가 떨어지면 그냥 자연스레 가면 되기 때문이다. 마치 남은 '짬 처리'를 하듯이 말이다.

나를 비롯한 체육대학 출신들은 대개 헌병에 지원했다. 왜 헌병이 체육대학과 맞는지는 지금도 모르겠다. 아마 튼튼한 몸과 훤칠한 신장 때문이 아닐까?

이로부터 얼마 뒤, 우리가 20대의 대부분을 보낼 병과가 발표되었다! 본인이 원하는 병과에 합격한 친구도 있었지만, 대부분은 보병으로 가야 했다. 그때부터는 누가 '강원도 최전방'이나 '빡세기로 유명한 부대'에 가게 될지에 모두의 관심이 쏠렸다. 그리고 그런 곳에 걸린 동기가 나오면, 우리는 마치 세상을 다 산 듯한 표정을 짓고 있는 그를 미친 듯이 놀려댔다.

하지만 나는 어느 병과에 배치될지를 듣지 못했다. 발표가 끝날 때까지 말이다.

"어, 훈육관님! 저는 아직 못 들었는데요?"

훈육관님이 깜박하고 넘어가신 건가?

"허, 그러네! 아직 안 나온 거 같은데? 좀 늦어지는 부대도 있으니까, 이따가 나오면 바로 알려줄게."

동기들이 나만 혼자 헌병에 합격된 거 같다면서 부러워하기 시작했다. 이전에도 헌병 발표만 늦어진 적이 있고, 아직 헌병병과에 합격한 친구도 없었기에 더욱 기대가 컸다. 벌써 부터 기분이 좋아졌다.

"그래, 이왕 가는 거 군대생활도 열심히 한번 해보자!"

기분이 좋으니 각오가 절로 생겼다.

10분 정도 지났을까? 훈육관님이 매우 흥분하시며 뛰어 들어오셨다.

"광철아, 나왔다! 너 특.전.사.다!"

대기실 전체가 뒤집어졌다.

내 삶의 주인공은 바로 나다. 내가 주인공이고 톱스타다.

"대박!"

"미쳤다!"

"어떻게!"

"진짜 죽었어!"

"불쌍해!"

동기들 모두가 난리를 쳤다. 하지만 정작 나는 매우 무덤 덤했다. 왜냐고? 특전사가 뭔지 알아야 난리라도 칠 것이 아닌가!

그때부터 훈육관님과 동기들로부터 특전사에 대한 내용을 대강 들었다. 그리고 나는 절규하면서 절망했다.

"이런 젠장~! 내 인생은 이제 끝났다!"

나는 체육대학에 다니기는 했지만, 헬스장조차 한 번도 가본 적이 없었다. 말라비틀어지고 힘도 없는, 무늬만 체육대학 학생인 내가 어떻게 특전사에 간단 말인가! 방학 때의 훈련마저 지옥 같았고 버거웠는데, 지원도 안 한 내가 어떻게 차출이 되냐 말이다! 도저히 이해할 수도, 납득할 수도 없었다. 일반적인 특수부대는 지원을 받거나 테스트를 했기 때문이다.

사실 특전사는 병사들이 아니라 부사관들을 기반으로

운영되는 특수부대 중 하나다. 이것이 우리가 일반적으로 생각하는 군대와 가장 다르고 특별한 점이다. 또한 특전사에 들어오기 전에 다양한 특수교육들을 하는데, 대표적인 것이 바로 공수교육이다. 이는 적지에 은밀하게 침투하기 위한 고공 침투 기술 중 하나다. 하지만 실상은 말이 좋아서 '침투 기술'이지, 한마디로 낙하산 하나에 내 몸을 맡기고 항공기나 헬리콥터에서 죽자고 뛰어내리는 것이었다.

발표 이후 동기들은 여기 있는 동안에라도 잘해줘야겠다면서 밥도 사주고 술도 사주었다. 그러면서도 엄청나게 겁을 주었다. 안 그래도 겁이 많은데 미칠 노릇이었다.

'휴…, 이게 다 친구들 때문이야! 가만히 있었으면 이런 일도 없었을 텐데, 괜히 군장학생이니 ROTC니 지원하게 만들어 가지고…. 난 완전히 망했다!'

이렇듯 원망의 대상이 필요했다. 주체할 수 없는 후회를 합리화시킬 상대가 필요했던 것이다. 또 후회도 밀려왔다.

'다른 사람들이 시키는 데로만 살아왔더니, 내 인생이 이렇게 끝이 나는 구나. 이왕 이렇게 될 것 같았으면, 내가 하고 싶은 거라도 해볼 걸 그랬어!'

그런데 이미 모든 게 끝났다고 생각한 탓일까, 이상하게도 디이싱 두려울 게 없었다.

내 삶의 주인공은 바로 나다. 내가 주인공이고 톱스타다.

'그래! 과정이 어찌 되었든 이 또한 내가 선택한 것이고, 그 누구도 내 인생을 책임져주지 않아!

그렇게 난 누군가들의 말대로 어마어마한 경쟁률을 뚫고서 "안되면 되게 하라! 우리는 검은 베레! 특.전.사!"로 향했다.

| 꿈을 이루는 비전의 원칙 |
다른 사람의 인생이 아닌 내 인생을 살아라

내 잠재력을 확인하고, 내가 진정으로 원하는 것이 무엇인지를 알게 되기 전까지 나는 다른 사람들이 시키는 대로만 살아왔다. 내 삶의 주인공은 바로 나인데, 다른 사람의 시선에서 다른 사람의 인생의 조연으로만 살아온 것이다.

내가 아는 모두가 "대학을 꼭 가야 한다"고 했고, "대학을 나와야 취직을 할 수 있고, 성공도 할 수 있다"고 하기에 대학 진학을 목표로 삼았고, 당연히 가야만 하는 줄 알았다. 이렇듯 우리의 꿈은 이미 정형화된 틀에 갇힌 채 다른 누군가들의 시선에 의해 평가를 받아왔다. 예전의 나도 마찬가지였다. 언젠가 내 둘째 딸이 '아이돌이 꿈'이라고 했을 때가 그렇다.

"아빠~ 나 아이돌이 하고 싶어. 어떻게 해야 하는 거야?"

"아이돌은 춤만 잘해서 되는 건 아니야. 노래도 잘하고, 얼굴도 예뻐야 하고, 키도 커야 해. 무엇보다 오디션 같은 걸 봐서 합격해야 하는데, 합격하면 소속사라는 회사에 들어가서 연습생이 되어야 해. 그런 다음 몇 년간 계속 연습하다가 아이돌로 데뷔를 하는 거야. 물론 결국 연습생으로 끝나는 경우도 엄청 많고! 한마디로 엄청 힘들어!"

나의 이런 현실적 평가가 내 딸의 소중한 꿈을 박살낼 뻔했다. 지금도 이때를 생각할 때마다 가슴이 먹먹하고 후회스럽다.

어떤 부모는 아이들의 꿈을 직접 정해주기도 한다.

"요즘은 아나운서들이 결혼도 잘하고, 돈도 잘벌고, 다들 좋아서 난리라던데, 우리 아들은 말도 잘하고 공부도 잘하니까 아나운서 할 수 있을 거 같은데…, 어떠니?"

"한의사가 되면 나중에 엄마가 아플 때 침도 놔줄 수 있을 테니 너무 좋을 거 같아. 우리 딸이 한의사 하면 너무 잘 어울릴거 같은데…, 어떠니?"

무한한 능력을 가졌기에 무엇이든 해낼 수 있는 우리 아이들에게 우리는 '세상의 보편적인 가치와 사고방식'을 주입

내 삶의 주인공은 바로 나다. 내가 주인공이고 톱스타다.

해왔다. 그럼으로써 우리 아이들의 꿈을 깨뜨렸다. 우리 자신도 마찬가지다. 우리의 꿈과 목표도 다른 사람들의 시선에 의해 평가되고 통제되어 왔다는 사실을 떠올려보라. 이런 '남(아이)의 꿈 깨뜨리기'는 우리 부모세대에서부터, 아니 그보다 훨씬 이전부터 있어 왔는지도 모른다. 그리고 그 결과, 다음과 같은 마음이 들면서 꿈을 스스로 깨버리게 되는 것이다.

"내가 이걸 하겠다고 하면 우리 부모님은 나를 어떻게 생각하실까?"
"친구들이 나를 손가락질하겠지?"
"다른 사람들이 '뭐 그런 걸 하느냐'면서 무시할지도 몰라."
"난 이미 늙었어. 지금 그걸 시작하는 건 무리야."

이렇듯 다른 이들의 시선을 의식하느라 우리는 꿈을 위한 첫걸음을 내딛어보지도 못하고 포기해버리고 만다. 그리고 술잔이나 기울이면서 "인생 뭐 있어?!"를 외치며 그냥 그렇게 흘러가는 데로 살아간다. "어차피 남들도 다 이렇게 사는데" 하면서 다람쥐 쳇바퀴 돌리듯 같은 일상을 또 다시 반복한다. 회사 같은 데서 짤릴 때까지 말이다.

"그래, 어차피 한 번뿐인 인생! 이렇게 살진 않을 거야!"

이렇게 수백 번 다짐해봐도 변화하기가 쉽지 않다.

이것뿐만이 아니다. 앞서 언급했듯이 내가 처한 환경에 따라 내 가치도 다른 사람들에 의해 평가되는 경우마저 있다. 다음과 같은 식이 그렇다.

"쟤네 아빠가 판사래! 쟤는 엄청 똑똑하겠다. 분명 크면 변호사나 검사를 하겠지?"

"너희 집은 20평이라며? 너무 좁아서 못 놀겠다. 애들아, 우리 집으로 가자!"

요즘 주위에서 아이들이 이런 이야기를 하는 걸 들을 때마다 속이 부글부글 끓어오른다. 한 대 쥐어박고 싶을 정도다. 그러면서 '어렸을 때 나도 저런 말을 들었던 것 같은데?'라는 생각마저 든다. 이렇듯 예나 지금이나 그 사람 자신이 어떤 사람인지에 대해서는 전혀 궁금해하지 않는다. 그 사람을 둘러싸고 있는 배경이 궁금하고, 그 배경에 의해 그 사람의 가치가 평가될 뿐이다. 이게 부모들의 잘못일까? 아니다. 여전히 더 좋은 세상을 만들지 못하고 있는 우리 모두의 잘못이다.

이에 더해 다른 사람들이 만든 틀에 갇히는 시간이 길어질수록 나 자신을 알기가 더욱 어려워진다는 사실도 있다. 그렇기에 내가 정말 좋아하는 게 뭔지, 내 꿈이 뭔지, 내가 정말 하고 싶은 게 뭔지, 내가 뭘 잘할 수 있는지 등을 일찌감치 파악하기가 힘들어지는 것이다. 즉, 자신을 잘 모르기 때문에 자신에 대한 신뢰가 없다.

그렇다! 자신을 잘 모르는 것이다.

나 또한 오랫동안 나 자신을 몰랐다. 그래서 나 자신이 아니라 남들에게 잘 보이고자 하는 '패배자의 삶'을 살아왔나 보다. 그러니까 이런 식이었다. 딱 봐도 나보다 못난 사람들이 모여 있다 싶으면 센 척 허세를 부리며 그 모임을 주도했고, 나보다 잘나 보이는 사람들 앞에서는 순한 양처럼 얌전히 앉아 "예! 맞습니다", "저도 그렇게 생각해요" 같은 추임새나 넣어주었다. 내가 누군지도 정확히 모르는 주제에 '남들에게 난 어떻게 비춰질까?'만을 신경썼던 것이다.

당신도 나도 자신을 바로 알아야 한다. 그래야만 다른 사람들의 말에 휘둘리지 않는, 나 스스로 나를 통제하는 삶을 살아갈 수 있다.

그리고 더이상 이를 미뤄서도 안 된다! 지금 당장 실행해야 한다! 다른 사람들의 시선이나 말 따위 신경쓰지 말고, 내가 좋아하는 것부터 해보라는 것이다!

할까 말까 망설이는 게 있는가? 즉각 실행하라! 작은 것부터 차근차근 시작해보라! 이제껏 미뤄왔던 취미 활동이 있다면 당장 시작하라!

혹시 바다가 보고 싶은가? 그렇다면 당장 달려가라! 이렇듯 나를 통제하는 모든 것에서 벗어나, 나를 당당하게 표현하자!

지금도 누군가가 당신의 꿈을 또 짓밟으려 한다면, 그 사람 면전에 대고 이렇게 외쳐라!

"내 인생은 내가 알아서 할테니, 당신 인생이나 신경 쓰시죠!"

내 삶의 주인공은 바로 나다. 내가 주인공이고 톱스타다. 나를 표현할 수 있어야 비로소 나 자신이 살아 있음을 느낄 수 있다. 그러니 나 자신에 대해 알아야 하고, 나 자신을 표현해야 한다.

다른 사람의 인생이 아니라 '내 인생'을 찾아라!

당신의 삶은 바로 당신이 통제하는 것이다!

내 삶의 주인공은 바로 나다. 내가 주인공이고 톱스타다.

내가 사랑하는 내 인생

II

최고의 무기

수없이 많은 걸 경험하라!

수없이 많은 걸 경험하라!

이 경험들이 당신의 최고의 무기가 될 것이다.

내가 경험한 것 중에서 버릴 것은 아무것도 없다.

당신은 어떤 이야기를 들려주고 싶은가?

온 세상을
내 것으로
만드는 무기

특전사로 차출되기만 하면 모든 게 끝났다고 생각했다. 그런데 아니었다! 난데없이 특전사로 뽑힌 것도 억울한데, 특전사가 되기 위한 과정은 왜 이리 험난한가?

우선 대학교 졸업 후 4개월간 기초군사교육(OBC) 과정을 수료해야 했다. 장교로서의 자질과 역량을 갖추기 위한 기초 훈련이었다. 하지만 나는 장교 지원 과정을 위한 마음가짐마저 전혀 준비하지 않았던 터라 정말 지옥 중의 지옥을 경험하는 것 같았다.

일단 전국에서 모인 특전사 동기 40명을 만났다. 첫 만남에서 알게 된 놀라운 사실은 동기들 모두 '스스로 원했기에' 지원했다는 것이다. 그러니까 오직 나만이 '차출된' 유일한 사례였다. 이쯤 되니 '난 특전사가 될 운명이라도 타고났나?' 싶기도 했다.

물론 마음가짐부터 달랐던 동기들은 이미 모든 면에서 항상 나를 앞서갔다. 그리고 이는 다음과 같은 내 허튼 생각이 정당화될 수 있는 최고의 핑곗거리가 되었다.

'이건 분명 내 길이 아니다. 6년 4개월 후에 가게 될, 진짜 내가 원하는 길을 찾아야 한다.'

그래서 군사학 수업시간에 엉뚱한 사업 구상을 하기 시작했고, 교과서는 최고의 베개 역활을 수행했다. 이런 식으로 결론도 나지 않는 허황된 꿈이나 꾸는 몽상가로서의 4개월 과정을 수료했다. 말 그대로 헛짓거리만 하다 끝난 것이다. 그나마 다행인 것은 시험 때만큼은 벼락치기 신공을 사용하여 커트라인을 간신히 넘겼다는 점과, 40명 중 39등으로 무사히 졸업했다는 점이다. 신기하게도 늘 시작은 미약한데 어떻게든 통과는 잘한다. 이 또한 내 장점일까? 아니다. 과도한 긍정일 뿐이다!

본격적인 시작은 졸업 후부터였다. 일단 특전사 요원이 되기 위한 필수 과정인 특수전 과정과 공수교육을 거쳐야 했다.

온 세상을 내 것으로 만드는 무기

특수전 과정은 대한민국 특수부대원이라면 모두 반드시 거쳐야 하는 특수교육의 메카다. 이는 적 후방 침투 등 특수작전에 필요한 기술을 가르쳐 최정예 요원을 양성하는 과정이다. 그리고 공수교육은 특전사 요원이라면 누구나 수료해야 하는 낙하산 이용 필수 침투 기술이다. 특전사 소속이라면 계급과 보직에 관계없이 누구나 수료해야 하는, 특전사의 상징과 같은 교육이다.

특히 공수교육은 착지 훈련, 막타워 훈련, 실제 강하 등으로 구성되었으며, 3주간 진행된다. 이 중에서 착지 훈련은 정말 인간의 한계의 끝을 보여주는, 말 그대로 '미친 훈련'이었다. 한 걸음 이상 움직여야 할 때마다 특전사 최고의 명언이라는 "앞꿈치! 무릎!"을 목이 터져라 외쳐야 했고, 어디에 떨어지든 안전하게 착지하기 위해 땅바닥을 뒹굴고, 또 뒹굴고, 계속 뒹굴고, 미치도록 뒹굴었다. 한마디로 땅바닥과 하나가 될 때까지 뒹굴었다.

정신적으로든 육체적으로든 매일 나 자신의 한계를 넘나들었다. 아침에 정신이 먼저 깨어났더라도 하루가 시작되는 것 자체가 두려워서 차마 눈을 뜰 수 없었다. 온몸은 이미 내 것이 아니었고, 정신은 이미 딴 세상에 가 있었다.

그럼에도 참 신기한 것은 도저히 손가락 하나 움직일 수 없을 것 같은데도 막상 '하면 다 된다'는 사실이었다. 도저히 일어날 힘조차 없는데도 난 이미 뛰고 있었고, 목청이 정말 터져서 목소리가 나올 것 같지 않은데도 "앞꿈치! 무릎!"을 목이 터져라 외치고 있었다. 인간의 간사함을 나 자신을 통해서 깨우친 것이다. 이번에도 역시 무엇인가를 얻었다.

드디어 D데이! 다름 아닌 '실제 강하의 날'이다. 앞뒤로 프로펠러가 하나씩 달린 길쭉하고 거대한 CH-47 헬리콥터가 내 목숨을 담보해줄 예정이었다.

아침부터 모든 사람이 말을 하지 않았다. 작은 웃음소리조차 들리지 않았다. 아침밥을 먹기 전 모두가 이전에는 하지도 않았던 기도를 하며, 각자의 신께 안전을 고했다. 나 역시 이렇게 간절히 기도했을 때가 있었을까 싶었다. 말 그대로 진심을 다해서 기도하고 또 기도했다.

"지금까지 너무 많은 죄를 지었습니다! 제발 이번 한 번만 살려주시면 정말 정말 착하게 살겠습니다! 제발 낙하산이 안전하게 펴지고, 착지할 때도 부디 다리가 안 부러지게 착지하도록 도와주세요!"

특전사 생활 중 단 한 번도 펴볼 일 없을 예비 낙하산 고

　　　　　온 세상을 내 것으로 만드는 무기

리는 왜 그렇게 만지작거린 건지. 지금 생각하면 창피한 일이었지만, 이 당시에는 내 목숨을 지켜줄 최후의 열쇠라 생각했다. 헬리콥터 앞쪽에서 마주하고 있는 동기들을 바라보니 모두가 퍼렇게 질려 스머프가 되어 있었다. 나만 그런 게 아닌 것 같아 큰 위안이 되었다.

'위잉!' 소리를 내면서 하늘을 나는 헬리콥터의 뒷문이 열리기 시작했다. 적막했던 헬리콥터 안에 찬바람이 불어들어오기 시작했다.

"오 마이 갓!"

갑자기 심장이 쿵쾅대며 요동쳤다. 이제 진짜 '강하 시작'이다!

1조부터 차례차례 뛰어내리기 시작했다. 이제 곧 내 차례다.

"그린 라이트!"

헬리콥터 뒤쪽에 있는 녹색등에 불이 들어왔다. 이런 젠장, 뛰어내리라는 신호다.

'이젠 죽는구나! 에라 모르겠다!'

차마 눈을 뜨지 못한 채 내 몸을 하늘에 냅다 던졌다.

"1만! 2만! 3만! 4만!"

어라! '4만'이면 낙하산이 펴져야 하는데…?

"5만! 6만!"

1초가 거의 1만인데, 너무 흥분한 나머지 숫자를 너무 빨리 센 걸까?!

"7만! 8만!"

"픽!" 하는 소리와 함께 몸이 하늘로 솟구쳐 오른다.

"아, 살았다!"

외마디 외침과 함께 그제야 눈을 떴다.

'이건 뭐지?'

눈앞에 온 세상이 펼쳐졌다. 너무나도 놀랍고 아름다운 광경이다.

나는 지금 하늘을 날고 있다. 모든 것이 고요하고 평온하다. 오직 시원한 바람만이 눈물인지 땀인지 모를 내 얼굴의 물기를 기분 좋게 닦아주며 지나쳤다. 나는 마치 영화 〈타이타닉〉의 남주인공인 디카프리오가 배 앞머리에 서 있던 그때처럼 전율을 느꼈다.

"온 세상이 내 것이다!"

이 순간 이 세상의 주인공은 바로 나였고, 온 세상 모든 게 다 내 것이었다. 주체할 수 없는 감동이 밀려오면서 가슴이 벅차올랐다. 눈물이 왈칵 쏟아질 것 같았다.

온 세상을 다 가져라!

그때, 이 순간의 감격을 깨뜨리는 경고음과 함께 안내방송이 들려왔다.

"위이 이이이 잉! 착지 준비하라! 착지 준비하라!"

넋이 나가서 어느새 땅에 다다른 것조차 인지하지 못했던 것이다! 하마터면 다리가 부러질 뻔했다. 이래서 수천, 수만 번에 달하는 반복 훈련이 필요했던 것 같다.

그랬다! 교관들이 왜 그토록 참혹할 정도로 착지 훈련을 시켰는가를 그제야 깨우쳤던 것이다.

"머슬 메모리(muscl memory)!"

교관들의 가르침대로 착지 훈련에서 익힌 걸 기억하는 내 몸이 먼저 자동적으로 반응했다. 마치 푹신한 이불 위에 안기듯, 한 마리의 새처럼 멋지고 안전하게 착지했다.

다른 동기들에게도 이 감동이 전해진 건가? 우린 잠시 아무 말 없이 서로를 바라보기만 했다. 그러고는 동시에 모두가 소리쳤다. 환호성을 지르며 난리를 쳤다. 더이상 우리에게는 두려울 것이 없었고, 무엇이든 할 수 있었다.

"다 덤비라 그래! 내가 바로 대한민국 특전사다!"

우리의 감동적인 첫 강하는 이렇게 끝이 났다.

이제 기껏 강하 한 번 했을 뿐인데 우리는 자신감이 충만했다. 아마 정신이 한 번 죽었다가 살아났기 때문일지도 모르겠다.

그랬다! 마치 죽음에서 살아 돌아온 자 마냥 전혀 두려움 없이 남아 있는 모든 강하를 안전하게 마치면서 3주간의 공수교육을 무사히 수료했다. 수료식을 치르면서 난 많은 것을 깨달았다.

'죽어야 다시 태어난다!'

'이왕 하게 된 일이라면 갈 때까지 한번 가보고, 처절하게 죽어보아라!'

온 세상을 내 것으로 만드는 무기

'죽을 만큼의 절박한 각오가 있다면 무엇이든 해낼 수 있다!'

'일단 해보면 못할 것이 전혀 없다! 단지 나 스스로 두려움을 만들어냈을 뿐이다! 다 해낼 수 있단 말이다!'

그랬다! 나는 정말 다시 태어났다. 어느 누군가는 '아무것도 아닌 걸로 유난 떤다'고 생각할지도 모르겠다. 하지만 이 공수교육은 내겐 특별했다. 용기와 자신감의 정의 자체가 달라졌기 때문이며, 무엇보다 '성취감'이라는 가치를 획득했기 때문이다. 성취감을 획득하면서 얻은 주체할 수 없는 힘이 나 자신을 진정한 특전사 요원이 되도록 이끈 것이다.

| 꿈을 만드는 최고의 무기 |

산 정상의 바람을 느껴보아라!

만약 특전사에 가지 않았더라면, 세상을 다 얻은 듯한 기쁨을 맛볼 수 있었을까?

첫 강하의 순간에 낙하산이 펼쳐지면서 내 작은 두 눈에 온 세상이 담겼던 그 순간을 과연 무엇과 비교할 수 있을까?

이 기적 같은 순간에서 얻었던 그 놀라운 힘을 또 어떻게 설명할 수 있을까?

이전까지 나는 경험의 힘이 실로 얼마나 놀라운지를 간과하며 살아왔다. 작고 일상적인 경험부터 감당하기 어려울 정도로 큰 경험까지, 우리가 겪었던 수많은 경험들이 다양한 감정들을 남기면서 우리의 삶을 지탱해왔다는 사실을 나는 깨닫지 못하고 살아왔던 것이다. 하지만 이를 통해 어떤 이들은 삶의 진리를 깨달았고, 또 어떤 이들은 인생이 완전히 뒤바뀌는 일을 겪기도 했다. 나도 바로 이 '경험'이라는 놈에게서 놀라운 가치인 '열정'을 선물 받았다. 이쯤에서 반드시 알아야 할 중요한 사실이 있다.

"경험을 통해 우리는 성장한다"는 사실이다.

그리고 더 많은 걸 경험할수록 더 많이 성장할 것이며, 고통과 시련이 따르는 큰 경험 뒤에는 무엇과도 바꿀 수 없는 그 이상의 엄청난 성장이 당신을 기다리고 있을 것이다. 나를 보라. 단 한 번의 강하를 뛰기 위해 2주간 지옥 같은 시간을 경험하지 않았는가! 온몸이 부서질 듯한 고통과 하루에도 몇 번씩 '포기할까?' 고민하게 했던 시련들을 나는 극복하지 않았는가!

첫 강하가 이루어졌을 때에는 어땠는가? 세상을 다 얻은 듯한 희열을 경험했다. 이 희열 덕분에 나는 더욱 강해졌으며, 어떤 것도 두렵지 않게 해주는 담대함과 자신감을 확보

온 세상을 내 것으로 만드는 무기

했다. 2배, 아니 10배 이상의 성장을 이루어낸 것이다. 경험이란 이렇듯 정말 놀라운 힘이다.

그러니 무엇이든 경험해보아야 한다. 그러면 당신은 감히 생각해본 적도 없는 수준으로 성장할 것이다.

나는 대한민국 특수부대원들의 말도 안 되는 열정과 끈기가 도대체 어디서 나오는지가 무척 궁금했다. 이들은 더 큰 어려움과 고통, 한계에 부딪힐수록 그보다 훨씬 더 큰 희열과 성취감을 얻을 수 있다는 사실을 이미 경험을 통해 알고 있었다. 그래서 이들에게는 두려울 게 없다. 본인의 생명마저도 아까워하지 않는 정신, 내 가족과 우리 국민들을 위해 희생할 수 있는 힘이 바로 여기서 나오는 것이다.

나는 이러한 희열과 성취감을 '산 정상의 바람'이라고 부른다. 산에 오르는 사람은 산 정상까지 오르는 길이 험하고 가파를수록 더 많은 노력을 하게 되며, 그 노력을 다한 끝에 산 정상에서 느낄 수 있는 바람은 가히 형언할 수가 없다. 시련과 고통이 더 강해질수록 산 정상에서 느끼는 희열은 더욱 커진다. 그리고 이를 느껴본 자만이 세상을 얻을 자격이 충분히 있다! 이것이 에베레스트를 등반하는 전문가들이 목숨까지 거는 이유이며, 우리가 결코 실패를 두려워할 필요가 없는 이유인 것이다.

당신도 산 정상의 시원한 바람을 느껴보지 않겠는가?

세상을 다 얻은 듯한 희열과 감동을 경험해보지 않겠는가?

나를 죽이지 못하는 고통은 나를 더 강하게 할 뿐이다!

프리드리히 니체

고난과 시련을 넘어서 극복해낸다.

온 세상을 내 것으로 만드는 무기

자존심
VS
자존감

　특전사가 뭔지도 몰랐던 이전과는 달리, 이번에는 특전사에 관한 다양한 정보를 사전에 입수하여 전입 준비를 철저히 하기로 했다.

　특전사, 즉 육군특수전사령부는 7개 여단(예전 제5공수특전여단은 '국제평화유지단'으로 명칭 변경)과 '707 대테러특수임무 대대(현재는 707 대테러특수임무단, 이하 '707')' 등을 예하에 두고 있다. 각 여단들은 여러 지역에 분산되어 있는데, 나는 이 당시 집과 가까운 제3공수특전여단이나 707에서 근무하기를 원했다. 그러나 어느 누군가의 말처럼 간절하게 원하지 않았기 때문이었을까? 집과 정반대 방향에 있던 제9공수특전여단이 바로 내 첫 발령지가 되었다.

　특전사는 병사들이 아니라 부사관들을 기반으로 운영되는

특수부대다. 그래서 편제가 일반 보병부대와는 현저히 다르다. 혹시 장교랍시고 대장 노릇하려다가는 시작부터 엄청난 고난을 경험하기 딱 좋다. 구성원 전부가 전술이라든가 체력 등을 모두 동일한 수준으로 유지해야 하기에 팀장(중대장)과 부팀장(부중대장)도 팀원의 일부라고 생각하면 마음 편하다. 사실 팀을 이끌어가는 최고의 실세도 팀장이나 부팀장이 아니라 선임담당관이다. 장교들은 계속 근무할 수 없고, 보직이 바뀌거나 일정한 기간이 지나면 이동해야 한다. 반면에 부사관들은 특별한 사유가 없는 한 계속 근무할 수 있기에 당연히 더 좋은 대우를 받기 마련이다.

더욱이 이 당시에는 계급주의와 권위의식에 찌든 일부 장교들이 대우를 받으려고 하거나 부사관들을 무시하는 일이 빈번하게 발생했다. 그래서 장교와 부사관 사이에는 소위 말하는 '알력'이 존재했다. 이 때문인지 팀에 부중대장(소위/중위)이 전입해오면 부사관들이 일부러 군장에 짱돌을 넣는 등 자체 테스트를 하기도 했다. 그리고 새 부중대장이 '영 아니다' 싶으면 대놓고 무시하기까지 했다. 특전사가 '장교의 무덤'이라 불리는 이유가 바로 이런 점 때문이다. 나도 막상 전입하고서 그들의 얼굴을 직접 본 순간 엄청난 긴장감이 솟구치면서 등골이 서늘해졌다. 베트남 전쟁 같은 걸

소재로 한 미국 영화에서 이제 막 부대에 전입한 신참 소위가 고참급 부사관들이나 병사들을 보면서 어리버리해지는 이유를 알 것 같았다.

한 개 팀(중대)은 팀장(중대장)과, 부팀장(소위/중위, 선임담당관인 경우도 있다), 그리고 다양한 주특기를 개별 부여받은 부사관(하사/중사)들로 이루어져 있다. 부팀장인 나는 직속상관인 팀장(중대장)의 지휘를 받아 각종 훈련을 이끌어야 했지만, 실제 주임무는 중위들 중 최고선임인 정작(정보·작전)장교의 지시를 받으면서 각종 행정 업무를 보조하는 것이었다. 평소에 상상했던 특전사의 강인함 같은 건 전혀 느낄 수가 없었다. 가장 먼저 배운 업무 역시 커피 타기와 복사 같은 잔심부름이었다. 체력 단련이나 각종 훈련에 참여하기는커녕 새벽부터 출근해 밤늦게까지 정작장교의 보조로서 엄청난 양의 행정 업무에 시달렸다.

문제는 행정 업무를 보느라 팀의 훈련이나 체력 단련을 할 여력이 없었는데도 각종 평가와 전술 훈련은 계획대로 소화해야 한다는 것이었다. 준비할 시간을 따로 보장해주지도 않았기에 나와 같은 초급 장교들은 도태될 수밖에 없었다. 그러나 이런 사정을 잘 알 텐데도 일부러 그러는 건지,

'힘든 훈련 안 하고 행정반에 있는 게 좋은 줄 알라'는 선배 장교들을 보면서 나는 깊은 회의감에 젖어들었다.

"장교는 역시 달라야 한다! 자꾸 팀원들과 어울려 놀 생각만 하지 말고, 업무 능력이나 키울 생각을 하라!"

위에서는 이렇게 말했지만, 나는 놀 생각 같은 건 없었다. 단지 팀원들과 함께 훈련하면서 친해지고, 또 즐겁게 생활하고 싶었을 뿐이다. 점점 가슴이 답답하고 숨이 막혀왔다. 그와 더불어 고릴라를 닮은 정작장교는 일과 중에는 아무 일도 안 하다가, 일과가 끝나면 그때부터 밀린 일을 시작했다. 결국 정작장교가 업무를 끝낼 때까지 가만히 기다리고 있어야만 했고, 이런 사실이 나를 더 미치게 만들었다.

'대체 지금 뭐하는 거지? 이러려고 여기 온 게 아니잖아! 차라리 이 시간에 운동이라도 하게 해주지! 할 일도 없는데 왜 붙잡아두고 난리야, 진짜…!'

부정은 더 큰 부정을 낳는다던가! 회의감과 무료함이 깊어지자 마음속에 쓸데없는 생각과 교만 같은 게 조금씩 싹트기 시작했다. 그렇게 나는 아주 조금씩 깊은 수렁에 빠져들었다.

더군다나 이때는 아직 주 5일제가 확정되지 않아 토요일 오후부터 외박이 가능했는데. 이 주말 외박이야말로 지옥에서 탈출할 수 있는 내 유일한 돌파구였다. 하지만 이것마저도 쉽게 허락되지 않았다. 주말까지도 밀린 업무를 처리해야 한다고 정작장교는 말했다. 일과 중에는 바쁜 척하면서 아무것도 하지 않다가 기어코 주말의 황금 같은 내 시간마저 빼앗아버린 것이다. 나를 더 미치게 만든 건 독신장교 숙소(BOQ)까지 고릴라 같은 정작장교와 함께 써야 했다는 점이다. 종합하자면 나는 그와 하루 종일 같이 있는 것과 같았다. 결국 항상 가슴에 무엇인가가 걸린 것처럼 숨이 턱 하고 막혔다.

'아, 하루하루를 어떻게 버텨야 할까?'

정말 포로를 정신적으로 고문하는 수용소에 갇힌 듯했다. 더군다나 이 지옥은 매일 반복되고 있었다. 하지만 계급과 짬밥 때문에 싫은 내색조차 할 수 없었다. 그러던 어느 날, 갑자기 귀에서 '삐~' 하는 소리가 들리는 듯하더니 세상이 흔들리기 시작했다. 그렇게 난 쓰러졌다.

'여기가 어디지?'

의무대인 걸 확인했다. 병명은 당연히 스트레스로 인한 과로!

'특전사가 과로로 쓰러졌다니 이게 웬 날벼락인가! 훈련

하다가도 아니고, 사무실에서 키보드나 두들기다가 쓰러지다니…'

이런 말을 입속에서 우물거렸을 정도로 정말 창피했다. 특수부대원이 되었다고 친구들에게 신나게 떠들어댔는데, 이런 사실을 알면 아마 평생 놀려댈 것이 아닌가! 그러다 보니 나약한 나 자신에게 화가 났다. 그래서 며칠간 쉬다가 복귀하라는 지시까지 어기며 즉시 업무에 복귀했다. 그러나 조금의 위로라도 기대한 내가 바보였던 모양이다. 권위주의의 상징으로 유명한 몇몇 선배들은 '괜찮냐?'는 위로 대신 비아냥거릴 뿐이었다.

"왜 이리 몸이 약하냐? 네가 그러고도 특전사냐? 어디 가서 '선배'라고 부르지도 마라!"

서러움이 폭발했다.

"잘하겠습니다!"

아무렇지 않은 척 대답했지만, 난 곧장 화장실로 직행해 펑펑 울었다. 내 가치와 신념이 모두 무너져 내렸다. 이제껏 의지했던 특전사 동기들은 물론 그 누구와 어떤 말도 하고 싶지 않았다. 모든 연락을 차단했다. 혼자만의 시간이 필요해서였다.

'도대체 내가 뭘 잘못한 거지? 착한 척하며 내 마음을 명

확하게 표현하지 못했기 때문인가? 그래서 나를 무시하는 건가?'

이렇게 마음에 상처를 입은 나는 나 자신의 문제에 대해 먼저 생각하지 않고, 다른 곳에서 변명거리를 찾기 시작했다. 그리고 이는 아주 엉뚱한 결심을 하게 만들었다.

'그래, 이렇게 된 거 무언가 다른 사람이 되자!'

이 사람들이 생각하는 장교에 대한 인식을 바꾸고, 진정한 장교가 어떤 것인지를 똑똑히 보여주기로 했다. 장교로서의 자부심이 1도 없던 내가 말이다.

첫 실천 과제는 솔선수범이었다. 마침 제주도에 전술 훈련을 갔는데, 좋은 기회가 생겼다.

저녁식사 후 식판을 닦으러 세면장에 가 보니 막내 하사 대여섯 명에서 선배들이 던져놓고 간 식판을 닦고 있었다. 그러면서 내 식판 역시 자신들이 닦겠다며 가져가려고 했다. 그 순간, 생각이 번뜩였다.

'바로 이거다!'

나는 손을 걷어붙이고 맨손으로 설거지를 도와주기 시작했다. 막내 하사들이 더 놀란 듯 마치 정지버튼을 누른 것처럼 멈췄지만, 역시나 내가 도와주겠다고 하니 다들 아무

말 없이 다시 자기 일을 하는 식으로 승낙했다. 그리고 바로 이때 식사를 마친 권위주의적인 장교들이 나를 목격했다.

'확실히 너희들이랑은 다를 것이다. 이것이 바로 진정한 장교의 모습이다, 이것들아!'

쾌재를 부르며 보란 듯이 설거지를 마무리했다. 솔선수범을 했다는 기쁨과 뿌듯함을 가득 안고 돌아가는 길에서 마주치기 싫던 선배들은 역시나 나를 기다리고 있었다.

'모범적인 모습을 보고 잘했다고 칭찬하려나?'

무엇인가를 깨달은 선배들이 칭찬을 해줄 거라 상상한 나는 정말 바보가 맞았다.

"너 미친놈이냐? 장교가 뭐하는 짓이야! 그러면 누가 알아줄 거 같아? 그런 건 원래 막내들이 하는 거야! 오버하지 말고, 네 할 일이나 똑바로 잘해!"

전혀 상상도 못한 발언이었다. 내가 생각했던 것 이상으로 권위주의에 찌든 진짜 쓰레기들이었다. 이들은 변하지 않고, 나에게는 '미친놈'이라는 낙인이 찍혔다. 분노가 치밀었다. 욕이 목구멍까지 올라오면서 오만가지 생각이 다 들었다.

'내가 왜 이런 놈들한테까지 무시당해야 하지? 나보다 잘난 것도 하나 없을 놈들이…! 내가 너희보다 100배 더 괜찮다고! 자기만의 세계에 빠져 살면서 자기만 잘났다는 이런

자존심 VS 자존감

놈들이 어떻게 특전사에 들어온 건지···. 헛짓거리 같은 자부심과 허세만 가득한 것들이 선배라고···. 지금부터 내가 얼마나 잘났고 또 잘나가는지 보여줘야겠다.'

이때부터 '내 이익을 챙기지 않는 호구 같은 녀석'의 시간은 끝났다. 나는 내 의지를 표현하기 시작했다. 아닌 건 아닌 거 같다고 말했고, 일 처리를 능률적으로 하지 못하는 걸 보면 다른 방법이 좋을 거 같다고 말했다. 일이 없을 때는 퇴근하겠다고 말했고, 주말에는 외박을 다녀오겠다고 말했다. 체력을 단련하는 시간에는 운동하겠다고 했으며, 훈련시간을 좀 더 보장해달라고 말했다.

모든 것이 시작이 어려울 뿐이지, 그다음부터는 식은 죽 먹기였다. 하지만 점점 도가 지나쳐갔다. 요새 말로 '선을 넘기 시작한' 것이다. 그렇게 하면 안 된다고 선배들이 지적하기 시작했다. 그런데도 나는 그것도 모르냐며 아는 척하거나 건방을 떨었다. 이런 싸가지가 내 안에 있었다는 것 자체도 놀라웠다. 이 또한 '잠재력'이었을라나?

'말하는 대로 이루어진다'는 명언은 100퍼센트 사실이다. 내가 정말 잘났고, 또 잘나간다고 착각했으니 말이다. 내 진심을 아는 좋은 선배 장교들이 내 이런 태도가 걱정스러웠는지 조언을 아낌없이 해주었다. 하지만 이미 내 마음속 감옥에서 풀려난 싸가지가 마음껏 날뛰던 터라 귀에 들어오지도 않았다.

'확실하게 다른 장교가 되자!'는 최초의 결심이 어느 정도 이루어진 듯했다. '확실하게 다른 미친놈'이 되었으니 말이다. 그랬다! 나는 관심병사보다 더 무서운 '관심장교'가 되었다. 그리고 소문은 또 다른 소문을 만들어냈다. 그 대단한 선배들이 입방아로 내 이미지를 더욱 굳힌 것이다. "저 새퀴는 미친놈이야!"라고 떠들고 다님으로써…. 그런데 이상하게도 마음이 편했다. 내 할 일만 하면 되고, 아무도 나를 건들지 않았으니까.

'진작 이렇게 할 걸!'

이런 생각까지 하던 나는 앞으로 닥쳐올 엄청난 미래를 전혀 예측하지 못했다. 지금 내 눈앞에 보이는 현실에만 안주하면서 만족하고 있었으니까 말이다. 군대에 대한 미련마저 진작 버린 터라 장기근무를 원하는 동기나 후배에게 표창장이나 상장도 양보해주었다. 어차피 그 대단한 선배들이 내게 주지도 않았을 터이지만….

일반적으로 부중대장, 정작장교, 중대장의 순서로 보직을

자존심 VS 자존감

이동하는데, 정작장교의 일은 대개 허드렛일이라서 엄청 바쁘다. 욕이란 욕은 다 먹는, 그렇기에 진입장벽이 가장 낮은 자리이기도 해서 가장 기피하는 보직 1순위였다. 동기들 역시 이를 알고 정보장교, 통신장교, 여단의 상황장교 등 전문적이면서도 여유로운 보직을 받기 위해 미리미리 지원했다. 특히 상황장교가 인기가 많아 사람이 가장 많이 몰렸고 동기들도 모두 지웠했는데, 결국 최종 후보자 두 명 중 한 명이 나왔다. 더군다나 1위였다! 이전 여단 내 축구대회 때 높으신 분들이 보기에 '멋진 활약'을 했던 덕분이었다. 나는 저 '대단한 선배들'로부터 탈출할 절호의 기회라고 여겼기에 미치광이처럼 기뻐했다. 그러나 최종 심사에서 탈락했다. 이유는 '평소 행실이 좋지 않다'였다. 역시나 '막나가는 놈'이라는 꼬리표가 달린 것이다. 서둘러 다른 보직에 지원했지만 모두 탈락했다.

'그 권위주의로 똘똘 뭉친 선배들 때문이야! 분명 여기저기에 이상한 말을 하고 다닌 거지!'

절망스런 상황에서 나는 이렇게 정신승리나 이루어냈다.

동기들은 모두 좋은 보직을 잡았다. 환장할 노릇이었지만, '어차피 진급은 하잖아'라고 생각하며 쓰린 속을 달랬다.

'중위 2년차'가 되면 대위 진급 발표를 미리 받게 된다. 대위까지는 최소 기간만 채우면 거의 대부분 진급한다. 그리고 대위가 되면 중대장 보직을 받게 된다. 그러니까 정작장교 업무를 할 필요가 없어지는 것이다. 그래서 마음을 추스를 수 있었다. 이 굉장한 희소식을 들은 친한 선임담당관들과 팀원들이 함께 팀을 짜보자고 미리부터 제안했다.

'역시 내가 잘하니까 어디서든 함께하고 싶어 하는구나!'

하지만 이는 나 혼자만의 착각이자 오만일 뿐이었다.

진급 심사 결과가 발표되었다! 여단 전체에서 '단 한 명만' 진급이 누락되었다.

되짚어보자면, 이 당시에는 최소 기간만 채우면 대위 진급을 하는 게 일반적이었다. 그런데 내가 바로 그 '대위 진급에서 누락된 자'가 된 것이다! 도저히 믿을 수가 없었다.

'도대체 내가 뭘 그렇게 잘못했는데? 왜 하필 내게 이런 일이 벌어진 거야? 내가 뭘 했길래 모두 나한테만 이러냔 말이다!'

텅 빈 행정반에 홀로 앉아 멍하니 컴퓨터 모니터만 바라보고 있었다. 그때 누군가가 조용히 내게 다가와서는 아무 말 없이 내 어깨에 손을 올렸다. 따뜻한 손이 내 마음을 울렸다. 평소부터 나를 걱정해주고 조언도 아끼지 않았던 친한 선배였다. 갑자기 나도 모르게 눈물이 쏟아졌다. 그렇게 잘 났다고, 내가 최고라고 믿었던, 정말 교만했던 내가 너무 싫었다. 너무 부끄럽고 초라해서 이대로 어디론가 사라져버리고 싶었다.

'그래, 지금까지 내가 무슨 짓을 한 건가? 어쩌다가 여기까지 온 건가?'

되돌릴 수 없는 과거였고, 이 또한 내가 선택한 결과임을 알기에 차마 고개를 들 엄두조차 나지 않았다. 그렇게 한동안 아무 말 없이 선배의 어깨에 기댄 채 후회의 눈물을 떨궜다.

| 꿈을 만드는 최고의 무기 |

자존심을 버리고, 자존감을 높여라!

관심장교! 들어는 봤나?

어떻게 하면 관심장교가 되느냐고?

첫째, 기본적인 지식이 없다. 즉 개념이 없어야 한다.

둘째, 무엇 하나 제대로 할 줄 아는 게 없다. 무엇이든지 대충 끝내려고만 한다.

셋째, 아무것도 모르면서 아는 척, 잘난 척, 최고인 척한다. 한마디로 재수가 없다.

이 모든 조건을 갖춘 이가 바로 나였다는 사실을 나중에 알았다. 우리 부대의 모든 관심이 내게 쏠려 있었다는 것을 뒤늦게 알았단 말이다. 그래, 얼마나 꼴 보기 싫었을까?

사람은 누군가가 진심 어린 조언을 해주더라도 자기 스스로 뼈저리게 느끼기 전까지는 절대 변하지 않는다고 했던가? 엄청나게 충격적이던 이 '대위 진급 누락 사건'을 계기로 나는 비로소 참회의 눈물을 흘리며 변화하기 시작했다.

그랬다! 그날 나는 참회의 눈물을 흘리며 죽었다. 하지만 하나님께서 도우셨는지 내 흑역사를 다 뒤엎어버리고 다시 태어날 수 있는 엄청난 기회를 확보했다. 바로 천리행군이 시작된 것이다.

천리행군! '특선사'하면 가장 먼저 떠오르는 힘든 훈련이다. 3주간의 내륙 종합 전술 훈련과 마지막 1주의 400킬로미터 행군으로 이루어진다. 사실 3주간의 내륙 종합 전술 훈련

자존심 VS 자존감

내내 이미 400킬로미터 이상 걷기 때문에 물집과 무릎 부상 등으로 우리 몸은 아작난 상태다. 그런데 '이제부터가 진짜 시작!'이라는 끔직한 사실은 우리를 더욱 두렵게 한다. 그리고 이것이 천리행군의 진짜 무서움이다.

물론 마지막 1주의 400킬로미터 행군이 흔히 알려진 진짜 천리행군이다. 하루에 40~50킬로미터씩 꾸준히 행군한 뒤, 마지막 하루 100킬로미터 행군을 피날레로 끝이 난다. 끝없는 고통을 참아가면서 '인간의 한계는 과연 어디인가?'를 아주 처절하게 느끼게 하는 천리행군이야말로 군대 시절의 힘들었다던 그 어떤 훈련과의 비교마저 거부할, 감히 '최고의 훈련'이라 말할 수 있다.

천리(400킬로미터)를 걸으며 나 자신과 대화했다. 그러고 보니 나 자신과 이렇게 오랫동안 대화한 적이 있었던가? 물집이 터져 진물이 양말을 적시고, 무릎의 통증이 심해져 진통제를 복용하면서도 전혀 힘들지 않았다. 아니, 힘들 수가 없었다. 이 고통은 지금껏 내가 벌여댄 과오에 대한 참회에 따르는 것이었기에 고통이 더해지고 심해질수록 오히려 나 자신을 용서할 수 있는 기회로 여겼기 때문이다.

자신을 되돌아보는 시간이 중요하다.

　잘못된 지난 행동들을 되돌아보던 내내 엄청난 후회와 회의감에 시달렸다. 그랬다! 계속 이렇게 살아갈 수는 없었다. 무엇보다 변화가 필요했고, 변화를 간절히 소망했다. 그리고 마침내 내 자신을 용서할 수 있는 충분한 시간을 천리행군 내내 고통과 함께 자아 성찰을 하면서 확보했다. 내 인생의 전환점을 만든 것이다.

　"자존심이 센 사람은 자존감이 낮다."

　'자존심'과 '자존감'은 같은 말인 듯 보이지만, 실은 그렇지

자존심 VS 자존감

않다. 그래서 참 아이러니한 말들이다.

타인의 시선과 평가를 오랫동안 의식하면서 '타인의 삶'을 살아온 사람은 누군가로부터 인정을 받아야만 비로소 자신의 가치를 확인할 수 있다. 그런 성격이 바로 '자존심'이다. 이렇게 자존심이 강한 사람은 자기 자신이 가치 있는 존재임을 인식하지 못한다. 자신의 능력을 믿지 못하며, 자신의 노력에 의해 자신의 삶이 바뀔 수 있다는 사실도 전혀 알지 못하기 때문이다. 그래서 자기 자신을 신뢰하는 마음인 '자존감'이 저 밑바닥에 붙어 있다.

여기서 말하는 사람이 바로 '나'였다. 자존심은 아주 세지만, 자존감은 매우 낮았다. 이 낮은 자존감을 숨기기 위해 '위장막'인 자존심을 지키며 살아왔다. 그런데 내 낮은 자존감을 누군가가 건드리자 자존심이 무너지면서 결국 아무것도 아닌 일에 쉽게 폭발하고 만 것이다.

이 모든 문제가 나 자신에게 있음을 깨달으면서 나는 변화했다. 과거의 잘못을 정확히 인지하고, 앞으로 나아갈 미래만 바라봤다. 타인의 시선으로 형성된 헛된 자존심을 치우고, 내 소중한 자존감을 회복시키지 않으면 언제든 과거로 되돌아갈 수 있음을 깨달은 것이다.

과거에 대한 참회 그리고 나 자신과의 수많은 대화를 통해서 현재 닥친 문제에 대한 해답을 찾아냈다.

"나를 사랑하자!"

'나를 사랑해야 다른 사람도 사랑할 수 있다'고들 하지 않는가. 이 뻔한 말이 이렇게 와닿을 줄은 이제껏 몰랐다.

"남들이 나를 어떻게 생각하든, 내가 어떤 환경에 있든, 나는 충분히 잘할 수 있다! 잘하고 있어! 행복은 내가 만들어가는 것이다! 나는 너무나 행복한 사람이다!"

나 자신에게 수없이 선포했던 변화의 주문이다. 이 작은 자존감 회복 주문이 내 일상에 조금씩 변화를 가져오기 시작했다. 그리고 결과는 실로 놀라웠다. 변하지 않는 선배들의 질책과 무시에도 내 자존심은 아무 반응도 하지 않았던 것이다! 마음의 동요는커녕 오히려 활력과 생기가 넘치는 모습으로 반응했다.

"죄송합니다! 다시 해보겠습니다! 기회를 주십시오! 제가 잘못한 것 같습니다! 한 번만 봐주십시오!"

미소를 지으면서 하는 이런 말들이 지금까지 왜 그렇게 어려웠을까?

자존심은 일부러 내려놓는 것이 아니라 저절로 내려지는 것이었다.

자존심 VS 자존감

모든 일상에 자신감이 붙었다. '실수나 잘못은 고치면 되는 것'이라고 여기며 '나 자신이 충분히 해낼 수 있다'고 생각했기 때문이다. 이렇듯 자존감의 변화가 일상의 관점을 바꾸고, 태도도 바꾸고, 삶까지 바꾸었다.

'수백 번 이야기해도 소용이 없다'고 하지 않는가. 이는 본인 스스로 가슴 깊이 크게 느끼고 나야 비로소 움직이기 때문이다. 하지만 당신을 이렇게 일깨워줄 천리행군 같은 사건이 당신에게 오기만을 기다릴 것인가?

아니다! 당신이 마음먹은 이 순간, 변화는 시작된다. 조금 낯간지럽다고 생각할지도 모르겠다. 하지만 이건 분명한 진리다. 그러니 반드시 자신을 사랑할 줄 알아야 한다. 아니, 자신을 사랑해야만 한다!

지금 당장 자신을 사랑해보겠다고 선포해보라! 자격지심과 열등감은 개나 줘버려라!

누가 뭐라 해도 당신은 가치 있는 존재이며, 행복할 자격이 충분한 존재다. 그 사실을 잊지 마라! 그러면 모든 일에 열정이 넘치는 자신을 발견하게 될 것이다.

천리행군까지도 필요 없다. 지금 이 순간이 당신의 새로운 전환점이 되기를 소망하면서 다음과 같이 다짐하면 된다.

"내 능력과는 상관없이, 내 행복은 내가 직접 만들어간다!"

나는 지금 모든 일에 매우 긍정적이며, 적극적이고, 열정적이다. 또한 재미난 유머와 넘치는 센스로 모두를 즐겁게 만든다. 매일 삶에서 감사가 넘치고, 기쁨이 충만하며, 항상 이런 행복감을 가지고서 모든 사람과 소통한다. 나는 이렇게 내 삶을 살아가고 있다.

그 이유는 단 하나다. 나를 지나칠 정도로 사랑하고 있기 때문이다. 그러니 당신도 자신을 사랑해보라! 당신은 사랑받기 위해 태어난 사람이다.

인생
재미있니?

그토록 원하던(?) 정작장교가 되었다.

'왜 저렇게 일하지? 정말 답답해 미치겠네!' 했던 내가 정작 그 자리에 앉아 보니 할 줄 아는 게 아무것도 없었다. 그래서 '정작장교'인가 보다.

정작장교! 정확히 말하자면 '정보와 작전을 더불어 담당하는 장교'로, 특전사에만 존재하는 조금 특별한 보직이다. 특전사의 1개 대대에는 지역대 3개가 존재하는데, 각 지역대마다 정작장교는 단 한 명이다. 정보와 작전 관련 업무는 물론, 다른 모든 행정 업무도 도맡아 수행한다. 문제는 다섯 명이나 되는 중대장들의 업무까지도 정작장교가 처리해야 한다는 악습이다. 그래서 매일 새벽까지 퇴근도 못하는, 모두가 기피하는 최고의 보직이 되었다. 부중대장들이라도 일이 얼른 마무리될 수 있도록 잘 도와주었으면 좋았을 텐데…

과거에 불만만 가득했던 내 모습이 떠올라 부끄러웠다.

　나를 사랑하기로 결심한 뒤부터 긍정과 열정이 되살아났다. 나름 능률적인 업무 환경을 조성하기 위해 좋은 분위기를 갖추려고 감미로운 음악도 틀고, 행정반 대청소도 했다. 그렇게 마음까지 정비하고 나니 너무나 평온했고, 모든 것이 완벽해 보였다. 너무 완벽해서 오히려 불안할 정도였다. 역시 예감은 정확하게 들어맞았다.

　일단 시작부터 꼬였다. 정작장교 보직을 받은 지 이틀 만에 징계장을 받은 것이다. 이유는 이전의 고릴라 정작장교가 컴퓨터 본체의 용량이 부족해 자신이 갖고 있던 외장하드를 장착해놓고서는 다시 회수해 가지 않은 탓에 현재 정작장교인 내가 그가 싸고 간 '똥'을 책임지게 된 것이다.

　물론 예전의 나라면 노발대발하며 난리를 쳤겠지만, 이때는 이상하게도 마음의 동요가 전혀 일어나지 않았다. '기분 좋게 시작했는데, 굳이 이런 것 때문에 망치고 싶지는 않다'는 생각마저 들었다. 즉, 이미 벌어진 건 벌어진 거고, 앞으로의 일만 생각하기로 한 것이다. 확실히 무엇인가 변하긴 변한 것 같았다.

　그러나 이렇게 좋은 마음을 품은 것과는 달리, 정작장교의

　　　　　　　인생 재미있니?

엄청난 업무를 소화하기에는 내 업무 능력이 턱없이 부족했다. 매일매일 업무가 펑크났고, 하루가 멀다 하고 선배들에게 끌려가 깨지기 일쑤였다. 사실 업무에 당장 필요한 컴퓨터 실력조차 대학생 때 채팅을 하느라 키보드 치는 속도만 조금 빨랐을 뿐이었고, 기본적인 문서 작성은 물론, 컴퓨터에 대한 기초 지식조차 전혀 없었다. 그러니 '대단한 선배들'이 역시나 나를 가만히 놔둘 리가 없었다. 결국 한글 워드 프로세서의 단축키만 요약해 적어놓은 A4지 두 장을 하루 안에 모두 외우라는 지시를 받았다.

"그래, 이 참에 잘 배워보자! 난 암기라면 잘하잖아! 일단 되는 데까지 해보자!"

마음가짐이 다르니 일의 능률도 높아진 걸까? 되는 데까지만 외워보려고 했는데, 어느새 내 머릿속에 모든 단축키가 들어와 있었다. 어떤 스트레스도 받지 않고 말이다. 이번에는 이 상태를 그대로 유지하면서 실전에 돌입해 봤다. 하지만 실전과 이론은 너무나도 달랐다. 그래도 내겐 아직 열정이 남아 있지 않은가! 이왕 이렇게 된 거 조금 느리더라도 마우스를 쓰지 않고서 단축키로만 문서를 작성해보았다.

반복의 힘을 믿는가? "반복이 습관을 만들고, 습관이 바로 능력이 된다"는 말이 있는데, 나는 이 말이 사실임을 내 스스로 증명해냈다. 현재의 나를 우리 팀원들은 '워드의 신'이라며 칭송한다. 모든 기획서나 보고서를 단 한 번의 마우스 터치 없이 단축키로만 작성해내기 때문이다. 엄청난 속도야 두말하면 잔소리다. '끝없는 반복'이라는 노력이 만들어낸 결과다. 그리고 이로써 지금도 절대적으로 신뢰하는 놀라운 힘인 '반복'의 가치를 깨우치게 되었다.

업무 처리 속도가 조금 빨라졌어도 누락된 업무가 많은 건 여전했다. 밤늦게까지 쉬지 않고 일해도 업무는 줄지 않았고, 해결책을 찾기 위해 더 바쁘게, 더 열심히 일할수록 오히려 피로만 누적될 뿐이었다. 그렇게 여전히 펑크나는 업무, 선배들의 질책, 그리고 또! 또! 또! 이런 일상이 계속 반복되어 조금씩 지쳐갈 때쯤 내 평생의 구세주라 할 수 있는 '그분'이 등장했다.

어느 조직이든 항상 기득권 집단이 존재하기 마련이다. 특전사도 예외는 아니다. 같은 특전사 장교더라도 모두가 똑같은 장교가 아니었다. 소위 때 선입 와서 부중대장으로 시작한 장교들과, 야전에서 근무하다가 중간에 특전사로 전입한 장교들이 바로 그러한 경우다.

소위 때부터 고생한 기득권 집단이 중간에 전입한 중대장을 인정하지 않거나, 자신의 계급이 더 낮은데도 시건방을 떠는 경우가 있었다. 대표적인 예가 바로 이전의 고릴라 정작장교인데, 기존에 있던 중대장의 업무는 잘 처리해주면서 중간에 전입한 중대장에게는 눈길 한 번 주지 않았다. 말 그대로 어떻게 되든 일절 신경쓰지 않았던 것이다.

하지만 긍정덩어리였던 나는 달랐다. 원래부터 있던 선배들과 똑같은 과정을 밟고 싶지도 않았고, 무엇보다 '변화되었기' 때문이다. 오히려 전입한 중대장이 더 잘 적응할 수 있도록 챙겨주면서 겸손하게 잘 도와주었다. 역시 사람은 착하게 살아야 복이 넝쿨째 굴러들어오나 보다.

새로운 중대장은 육군사관학교 출신으로, 평소 흔히 상상하던 이미지와는 전혀 달랐다. 육군사관학교 출신이라 해서 완전 FM(교범)대로의 행동 방식에다 상당한 권위의식을 가지고서 딱딱한 말투로 지시만 할 줄 아는 전형적인 장교 스타일인 사람이 오겠거니 했는데, 이와는 정반대였다. 자유로운 사고방식에 운동과 게임을 좋아하는, 그냥 동네 친한 형 같은 이미지였다.

그러던 어느 날, 이 중대장님이 갑자기 나를 따로 부르셨다. 그리고는 갑작스레 고맙다고 말씀하셨다. 특전사의 악습을 이분도 이미 알고 계셨는데, 나는 그렇게 하지 않아서라고 하셨다. 처음으로 들어보는 따뜻한 말에 오랜만에 눈물이 났다. 그동안 따뜻한 위로의 한마디가 그리웠던 모양이다.

"아무 사심 없이 그냥 도와드렸을 뿐입니다."

그러면서 중대장님은 항상 선배들에게 혼나는 내 모습이 안타까우셨는지 꼭 전하고 싶은 말이 있다고 하셨다.

"광철이가 지금도 너무 잘하고 있는 거 알아. 사실 나도 얼마 안되었지만, 내 경험을 빌려 말하자면 우선순위를 정하지 않고 일하다 보니까 항상 열심히만 하고, 잘하고 나서도 혼나기만 하는 거 같아. 그러니 말인데… 일을 중요도에 따라, 그리고 시간순위에 따라 분류해보면 좀 더 수월하게 처리할 수 있을 듯한데?"

역시 무엇인가 달랐다! 정확한 상황 파악에 이은 날카로운 지적과 조언이었다. 그러고 보니 이제껏 아무도 내게 이런 말을 해준 적이 없었다.

그래서였을까? 갑자기 무엇인가가 내 머릿속을 '띵!' 하고 스쳐 지나갔다. 이전부터 누락되는 일이 없도록 꼼꼼히 메모하기는 했지만, 역시나 중요한 건 바로 우선순위였던 것이다. 업무 특성상 갑자기 여러 가지 일이 한꺼번에 떨어질 때가 많았는데, 아무 생각 없이 먼저 들어온 것부터 빨리 처리하려고 하다 보니 지금까지 정작 더 중요하고 시급한 일을 놓쳤던 것이다. 바로 그날 행정반 한가운데 있는 큰 보드판에 다음과 같이 적어놓았다.

'중요도와 시기에 따라 우선순위를 정하라!'

그러고 나서 진짜 업무를 시작했다. 중요한 업무를 선별하는 능력이 조금씩 생기면서 일하는 즐거움도 알게 되었다. '이제야 진짜 제대로 일하는구나!'라는 생각에 열정이 솟아난 것이다. 업무가 더욱 효율적으로 진행되면서 일 처리 속도가 빨라졌고, 내 시간도 생겨나면서 뿌듯함마저 누리게 되었다. 무엇보다 이를 계기로 존경할 수 있는 선배가 생겼다는 기쁨에 일상이 즐거워졌다.

하지만 부대 내에 의지할 사람이 생겼다는 기쁨도 잠시, 전입한 지 얼마 되지도 않은 중대장님의 갑작스러운 전출 소식이 들려왔다. 말로만 듣던 707로 발령이 나신 것이다. 더 좋은 자리로 가시는 거니까 더 잘된 일임은 분명했지만, 서운함을 표정에서 숨길 수 없었다.

"군인은 돌고 돌아 언젠가 또 만나게 되는 거야. 건강하게 있다가 다시 보자!"

중대장님의 '언젠가 만나게 된다'는 그 말씀이 왜 이리 마음에 걸렸을까? 아마 중대장님은 그 당시에 무엇인가를 알고 계셨던 것 같다.

　공허함을 느낄 새도 없이 또다시 정신없는 일상이 나를 반겼다. 하지만 '우선순위' 원칙이 좋은 조력자로 자리를 잡아가면서 나는 많은 업무에 점차 익숙해져 갔다. 일을 할 줄 아는 사람으로 변화한 것이다. 하지만 이 역시 잠시였을까?

　'어려움이 없다면 그건 삶이 아니다'라는 말이 있듯이, 업무에 익숙해지면서 여유도 생겼지만, 남모를 고충도 생겼다. 그중 나를 가장 힘들게 만든 것은 야외 훈련이었다. 특전사는 보통 한 달에 2주 정도를 밖에서 보낸다. 훈련이 정말 더럽게 많기 때문이다. 그런데 평범한 사람들은 '밖'이라고 하면 숙소 등을 생각하겠지만, 특전사에게는 천만의 말씀이다. 그냥 아무 산에, 아무 땅에, 아무 곳에 자리만 깔면 그곳이 바로 숙소다.

　특전사에서 '야외 훈련'하면 역시 행군을 빼놓을 수가 없다. 그런데 특전사의 행군은 조금 특별하다. 일고여덟 시간 동안 행군하여 간신히 목적지에 도착하면 그때부터 '진짜'가 시작되니까! 왜냐고? 비트(비밀 아지트)를 파야 잘 것 아닌가! 이때부터 다시 일곱 시간 동안 비트를 파고 나면 정말 내가

　　　　　　　　　　　　　　인생 재미있니?

군인인지 거지인지 구분을 못할 정도로 난장판이 된다. 특전사 요원들에게 극도의 정신력이 괜히 생기는 게 아니다.

사실 야외 훈련을 '캠핑'이라고 생각하며 좋아한 적도 있었다. 그러나 결혼 후에 이 즐거움은 고충으로 바뀌었다. 신혼인데도 항상 혼자 집에 있을 아내를 생각하니 걱정스럽고 미안했기 때문이다. 그때였다! 익숙한 번호로 전화 한 통이 걸려왔다. 바로 전출간 전 중대장님이었다. 그리고 반가움을 표현하기도 전에 엄청난 소식이 나를 울렸다.

"지금 707에서 장교를 모집하는데, 내가 널 추천했다. 넌 그냥 오기만 하면 돼."

언젠가 만날 그날이 바로 오늘이었다! 망설일 이유도, 고민할 이유도 전혀 없었다. 지금까지의 모든 도전과 실패가 지금 이 한방으로 모두 끝났다. 707! 이전에 이름만 들어도 그렇게 치가 떨렸던 그곳이 이제는 왜이리 반가운건지? 지금 이 순간 아무것도 두렵지 않았다.

절박함은 언제나 두려움을 이긴다. 이것이 우리가 항상 간절함을 가지고서 목말라해야 하는 필연적인 이유다. 그래서 난 새로운 도전을 하고 싶었다. 틀림없이 어려운 도전이겠지만, 늘 그랬듯이 '우선 해보면 다 할 수 있다'는 사실을 믿었다. 그래서 최고 중의 최고가 되기로 결단했다.

아무도 모르는 인생! 그래, 끝까지 가보자!

나는 교만함 때문에 관심장교로 찍히면서 여단의 모든 보직에서 다 퇴짜를 맞았다. 특히 누구나 다 되는 대위 진급에서조차 누락되는 수모를 겪었다. 이처럼 내 뜻대로 되는 일이 단 하나도 없었고, 작은 행복조차도 느껴볼 수 없는, 그야말로 실패자로 전락해 있었다.

하지만 한순간에 모든 상황이 변했다. 나 그리고 모든 동기가 열망하던 707에 바로 나 하나만 합격했기 때문이다. 사람(잘나신 선배들) 때문에 망했었지만, 난 또 사람(중대장님) 덕분에 일어섰다. 달라진 것이라면 삶을 대하는 내 태도뿐이었다. 뭐, 이것이 인생 아니겠나.

인생이 어떻게 풀릴지는 정말 아무도 모른다. 그래서 인생이 재미있는 것이다. 그래서 살맛이 나는 것이다. 그래, 앞으로 나는 또 어떻게 될까? 나도 모르겠다. 그냥 가보는 거다. 분명한 것은 더 멋진 인생이 나를 기다리고 있다는 사실이다.

인생 참 재미있다. 어떻게 되든 끝까지 한번 가보자! 당신과 나의 멋진 그 날을 위해!

'내가 최고다!' 라는 자부심과 함께 가라!

말 그대로다! 아무것도 몰랐던 약골이 특수부대인 특전사에 들어갔고, '특전사 중의 특전사'로 불리는 최고의 엘리트부대인 '707 대테러특수임무 대대(지금은 707 대테러특수임무단)'에 선발된 것이다. 하지만 내가 이렇게 말하면 자기가 근무했던 부대가 최고라고, 자기보다 더 빡세고 힘든 과정을 겪어본 사람은 없을 거라고, 그렇게 끝도 보이지 않는 싸움을 목이 쉬도록 해댈 사람들이 있을 것이다. 그래서 이쯤에서 왜 내가 707을 감히 최고의 특수부대라고 지칭하는지 꼭 이야기하고 싶다.

결론부터 말하자면 대한민국 최고의 부대는 바로 '당신이 소속된 부대'이다. 그리고 그 전에 '어느 누구든지 일단 어느 곳에 가든 다 해낼 수 있다'는 진리를 알아야만 한다.

'평범함 이하'였던 나조차 지금껏 특수부대에 근무하며 살아남지 않았는가! 더이상 무슨 말이 필요하겠는가! 어차피 특수부대도 사람이 모인 곳이기에 어찌되었든 사람이 살아가게끔 되어 있다. 처음에는 조금 느릴지라도 결국엔 다 해내게 되어 있다는 것이다.

우리 국군을 대표하는 모든 특수부대들은 저마다 개성이 있다. 왜냐고? 목표와 임무 자체가 다르기 때문이다. 임무가 다르니 훈련이 다르고, 그래서 각자가 겪는 고통과 시련도 다르다. 물론 특수부대들의 공통적인 요소가 없는 건 아니다. 일반적으로 '특수부대 요원'이라고 하면 우선 기본적인 체력이 평범한 사람 이상은 된다. 그런데 이마저도 외형적인 모습만 놓고 본다면 신장이 작은 사람, 빼빼 마른 사람, 고릴라같이 한 덩치 하는 사람 등 아주 다양하다.

이쯤에서 내가 말하고 싶던 걸 털어놓겠다. 우리 개개인은 제각각 다르기 때문에 외부로부터 받아들이는 자극의 영향력 또한 다르다. 따라서 저마다 느끼는 고충 역시 제각각이다. 예를 들어, 공익 근무 요원이 육체적으로는 편하다는 말을 듣지만, 인간관계에 있어서는 누구보다 힘든 상황을 경험할 수도 있다. 나도 앞장에서 말했듯이, '사람이 가장 힘들다'는 말을 뼈저리게 경험해 봤기에, 인간관계가 가장 힘들다는 말에 전적으로 동의한다. 그러므로 편의점이나 패스트푸드점의 알바생이 고객들을 상대하면서 받는 스트레스가 우리 특수부대원들이 교육·훈련·근무 과정에서 겪는 스트레스보다 더 클 수도 있다.

나는 부대에서 하는 훈련이 힘들다고 생각한 적이 단 한 번도 없다. 남들이 지옥 같다고 하는 해상 훈련은 나에겐 공짜 여름휴가이며, 겨울에 하는 혹한기 훈련은 겨울여행이고, 산악 훈련은 가을 단풍 놀이였으며, 강하 훈련은 레저스포츠였을 뿐이다. 결론적으로 본인이 느끼기에 가장 힘든 부대가 최고·최강의 특수부대인 것이다.

몽골 속담에 '위대한 영웅도 화살 한 방에 훅─간다'는 말이 있다. 이 속담의 의미처럼 아무리 뛰어난 특수부대원도 갑작스런 총알 한 방에, 혹은 헬리콥터나 비행기로 이동 중 격추되어 허무하게 전사할 수도 있다. 따라서 이러한 평범한 사실을 존중해주면서 타인을 배려해보라.

그럼 이제 본론으로 돌아가겠다.

내가 생각하는 특전사 중의 특전사, 최고 중의 최고인 707로 나는 전입을 명 받았다.

'내가 최고다!'라는 자부심과 함께 가라!

707이 내게 있어 아주 특별한 이유가 있다. 그 부대에서 수많은 걸 경험하면서 얻은 성취감이 내 인생의 최고의 무기가 되었기 때문이다. 그 성취감은 내가 꿈을 꿀 수 있게 해주었으며, 또한 그 꿈을 달성할 수 있게 해준 원동력이 되어주었다.

그렇다. '해낼 수 있다!'는 자신감 하나를 무기로 삼고서 4주간의 지옥 같은 707 전입 교육을 시작했다. 워낙에 악명이 높고 자자했던 터라 긴장감은 이루 말할 수가 없었다. 앞으로 4주간 내 이름은 '백호 3번'이다. 계급? 그딴 건 없다!

나는 교관들이 자기소개를 하러 나왔을 때 '와! 그냥 겁나 멋있다!'는 생각을 했다. 하지만 그것마저 욕을 처먹기 시작하기 전 딱 1분간뿐이었다. 나도 특전사에 있기는 했지만, 이제껏 행정 업무가 주전공이라 체력 훈련을 할 여유가 없었다. 그나마 행군이라도 했기에 망정이지, 하마터면 처음부터 낙오할 뻔했다.

4주간의 전입교육은 체력 훈련, 사격, 내부 소탕(CQB), 레펠 등으로 이루어졌다. 최고의 대테러부대 요원이 되는 과정에서 가장 기초적인 훈련임에도 불구하고, 그 강도는 상상을 초월했다. 전입교육의 목표는 오직 단 하나였다.

'707 요원으로서의 자부심!'

그래서 한계가 오면 그 한계에 또 한계를 부여했다. 타 부대들의 교육과 다른 점이라면 교육생들에게 말로만 한계를 부여하지 않고, 교관들도 교육생들과 똑같이 함께하면서 한계에 도전한다는 것이다. 더군다나 나중에 알게 된 사실인데, 장교가 전입하면 팀원들의 생명이 팀장(장교)의 판단 하나에 달려 있다고 생각해서 더욱 극한 상황으로 몰아가려고 집중적으로 관리한다고 했다.

인간에게 한계는 없다고? 정답이다! 내가 장담하건대, 인간에게는 정말 한계가 없다. 도저히 믿지 못하겠다면 내 경험을 이야기해주겠다.

내가 707 전입교육에서 산악구보를 뛸 때였다. 함께 전입한 동기들 모두가 다 함께 수료하기 위해서 서로에게 의지해 밀고 당기며 힘이 되어주고 있던 때였다. 나는 이미 더이상 움직일 힘도 없었다. 그러나 이제 겨우 산중턱까지 왔을 뿐이다. 아직 정상까지는 한참 남았다. 만약 여기서 한 발짝이라도 걷게 되면(계속 뛰어야 한다) 바로 탈락당한다. 그러면 나는 물론 동기들 모두가 다시 처음부터 올라와야 한다. 결국 '나 하나로 인해 모두가 탈락할 수도 있다!'는 사실이 이때 내가 멈출 수 없는 이유였다. 도저히 못 뛸 거 같아서

'내가 최고다'라는 자부심과 함께 가라!

주저앉을 만하면 어김없이 교관이 함께 뛰며 밀어주었다.

'이 사람들은 괴물인가?'

교관들은 교육생들과 똑같이 뛰고 있는데도 피로를 전혀 느끼지 않는 것 같았다.

무엇보다 정말 신기한 일은 움직일 힘이 하나도 없었는데도 동기나 교관이 옆에 오면 저절로 움직여진다는 사실이었다. 호흡이 조금이라도 돌아올 때면 나 역시도 동기들을 밀어주었다. 그렇게 서로 독기를 품은 "악!"이라는 구령과 함께 "파이팅!"을 외치다 보니 어느 새 산 정상에 도달했다.

"우와! 이번에도 또 해냈다!"

산 정상의 바람이 정말로 시원하고 뿌듯하게 느껴진다는 사실을 깨우치는 순간이었다. 아무도 시키지 않았는데 우리 모두가 하늘을 향해 목이 터져라 소리쳤다. 힘껏 "악!"을 내질렀다. "해냈다! 또 해냈다!"면서 말이다.

소총만 잡아봤던 내가 난생 처음 권총이라는 걸 잡아봤다. 소총과는 달리 매우 민감하고, 반동도 쉽게 잡히지 않았다. 왜 영화에서 주인공도 악당도 권총으로 싸울 때에는 서로를 못 맞추는 경우가 많은지 알 것 같았다. 아무리 그렇다 치더라도 큰 표적지에 스치기라도 해야 할 거 아닌가!

그런데 표적지가 매번 너무 말끔하다. 먼지 하나 묻어 있지 않은 내 표적지를 보며 교관이 말했다.

"천하의 대테러부대 요원이 총을 못 쏘면 여기 있을 필요가 없지!"

'여기는 내가 있어야 할 곳이 아닌가?' 같은 나약한 생각을 접어두고 나는 결국 또 해냈다. 사격교관 한 분이 나에게 딱 붙어서 집중적으로 훈련시켜주신 덕분이다.

그리고 그 덕분에 현재 나는 특공대의 사격 마스터 자격 소유자다. 즉 주특기가 사격이며, 제대(梯隊) 사격교관 임무를 수행하고 있다. 만약 저 당시에 아래와 같은 생각을 했다고 가정해보자.

'난 도저히 사격에 소질이 없어. 아무리 해봐도 안 되는 걸 어쩌라고! 사격은 나랑 안 맞아! 다른 거라도 잘해봐야지.'

그래서 사격을 포기했다면 과연 이 같은 성과를 낼 수 있었을까? 이것이 바로 '끝까지 도전해야 하는 이유'인 것이다.

사실 707에는 특전사와는 조금 다른 점이 있다. 이미 언급한 바 있는 전입교육의 목표인 '자부심'이다. 물론 특전사 시절에도 자부심이 없던 건 아니었지만, 임무를 대하는 태도가 조금 달랐다. 한마디로 '707 요원 모두는 프로'였다. 본인에게 부족한 점이 생기면 누가 시키지 않아도 스스로

'내가 최고다!'라는 자부심과 함께 가라!

부족한 점을 채우기 위해 밤낮을 가리지 않고 될 때까지 최선을 다한다. 혹시 팀장에게 부족한 점이 있다면 무시하기보다 707의 팀장으로서 부족한 점이 없도록 모두가 함께 될 때까지 도와준다. 707 소속이라는 자부심 하나가 모두를 하나로 묶어주는 것이다.

이들은 '자부심'의 진정한 가치와 의미를 이미 알고 있었다.

707 대테러특수임무단 부대 상징

4주간의 전입교육이 끝났다. 가장 중요한 가치가 내 마음에 새겨졌다. 그리고 '세상에 안 되는 일은 없으며, 무엇이든 마음만 먹으면 해낼 수 있다!'는 자신감이 넘쳤다. 또한

'혼자서는 빨리 갈 수 있지만, 함께하면 멀리 갈 수 있다.'라는 사실도 실감했다.

이처럼 아무것도 아니던 내게 생긴 '707 소속'이라는 자부심이 '평범함 이하'라는 평을 듣던 나를 무엇이든 해낼 수 있는 진정한 프로로 재탄생시켰다.

자부심이란 실로 엄청난 힘이다. 그러니 무엇이든지 좋다. 당신도 가장으로, 아빠로, 딸로, 아들로, 체육부장으로, 반장으로, 과장으로, 사장으로… 자신의 위치를 파악하고 그에 대한 자부심을 가져라! 그리고 바로 그 자부심과 함께 가라! 그 자부심이 분명 당신의 신념이자 삶의 가치가 되어줄 것이며, 당신이 행동하게 해주는 엄청난 힘이 되어줄 것이다. 도저히 믿지 못하겠다면 어느 유명한 영화의 주인공이 했다는 이 말을 떠올려보라!

"혼자서는 아무것도 할 수 없지만, 함께하면 아무것도 두렵지 않다!"

특별한 삶을
대하는
태도와 자세

　정식으로 707 요원이 된 뒤, 707에서의 첫 보직부터가 굉장히 스펙터클했다. 같은 군번의 동기들이 1차 중대장으로서 전술팀을 이끄는 팀장(중대장) 임무를 수행하게 되었는데 반해, 진급이 한 번 누락되는 영광을 누렸던 나는 본부 중대장의 임무를 명 받은 것이다. 안 그래도 자부심이 한창 높을 때 현장 전술 요원이 아니라 본부 행정반에 소속되었으니 마음속 한구석에 살짝 스크래치가 났다.

　하지만 지금 생각해보면 그곳은 707을 존재할 수 있게 해준 가장 본질적인 임무를 수행하는 막중한 자리였다. 모든 대원들에게 무한한 에너지를 공급해주는 식당 관리, 생활을 여유롭고 풍요롭게 만들어주는 매점 관리, 여가를 즐김으로써 재충전을 가능하게 해준 테니스장 관리나 행사

관리, 부대 환경 관리, 시설물 관리, 난방 관리 등 707에서의 모든 중요한 행사가 바로 나로부터 시작되었기 때문이다. 만약 707 본부 행정반이 관리하는 분야 중 하나라도 삐걱거리면 부대 전체가 뒤흔들릴 것이니, 나는 그야말로 어마무시한 자리에 오른 셈이었다.

역시나 이번에도 자리가 사람 하나를 만들었다. 나 하나 관리하기도 힘들었던 내가 지금은 '관리의 왕'이라니! 역시 '무엇이든 주어지면 다 해내는 것이 바로 사람'이라는 사실을 다시금 깨달았다. 사실 부대 관리도 관리이지만, 본부 행정반의 가장 중요한 임무는 따로 있었다. 707의 수장인 대대장님을 보좌하는 보좌관 임무가 바로 그것이다. 이는 내가 어디서든 신뢰받는 요원으로 성장하게 해준 최고의 경험치를 제공해주었다.

707 본부 행정반 임무 수행 중에 나는 대대장님 두 분을 모시는 영광을 누렸다. 한 번은 본부중대장으로서, 다른 한 번은 전술팀장으로서였다. 두 분 모두 내게는 최고의 지휘관이셨고, 어디서든 존경받아 마땅하고 훌륭한 분들이셨다. 게다가 두 분은 일을 처리하는 방법부터 개인적 성향까지 모두 전혀 달랐기에, 이러한 두 분의 장점들을 모두 배울

특별한 삶을 대하는 태도와 자세

수 있었으며, 가질 수 있었다.

첫 대대장님은 육군사관학교 시절 럭비선수로 활동하실 정도로 운동을 굉장히 좋아하셨다. 부대 내에 원래 있던 축구 골대 위에 럭비 골대까지 설치하실 정도로 럭비에 대한 열정이 넘치셨다. 나중에 알게 된 사실인데, 내가 707로 오게 된 가장 큰 이유가 축구 때문이기도 했다. 그러니까 대대장님께서 축구도 잘하고 운동신경도 좀 있는 장교를 원하셨기 때문이었다고 한다.

대대장님은 언제나 "한계는 없다!"고 말씀하셨다. 문제는 그 '한계'를 항상 본부와 전술팀의 축구시합을 여셔서 시험하시곤 했다는 점이다.

군대를 다녀온 사람이라면 알다시피 부대에서 본부는 말 그대로 본부일 뿐이다. 본부의 주요 업무는 행정 업무다. 그러니까 전술팀들이 임무를 완벽하게 수행할 수 있도록 지원하는 것이다. 그래서 본부는 운동과는 거리가 멀다. 전술팀 요원들과는 체력 면에서부터 압도적으로 차이가 났기에 경기를 해보나마나 결과는 뻔했다. 그럼에도 시합은 아침·저녁마다 이루어졌다. 그리고 당연히 본부는 매번 패배했다. 하지만 대대장님은 이 '당연함'이 싫으셨던 것 같다. 매번

지는데도 본부와 각 전술팀들의 경기를 계속 주최하신 것이다.

'도대체 무엇 때문에 이렇게까지 하시는 건지? 운동에 환장하신 건가?'

그렇게 힘겨웠던 어느 날, 우리 본부가 처음으로 승리를 했다. 처음에는 전술팀이 우리가 안쓰러워서 한 번 봐주었다고 생각했는데, 나중에 알고 보니 그게 아니었다. 그다음 경기에서도 우리 본부가 승리했기 때문이다. 그리고 그다음 경기에서도 이겼다. 또 그다음 경기에서도….

'도대체 무슨 일이 일어나고 있는 거지?'

계속된 승리에 우리 모두가 어리둥절했다. 본부에 진 전술팀에는 '새벽운동'이라는 벌이 기다리고 있었기에 최선을 다하지 않을 수 없었음에도 우리 본부가 승리한 것이다. 그리고 그 모든 해답은 내가 직접 기가 막히게 준비한 경기 후, 다과 행사에서 드러났다.

"뛰어난 능력을 갖춘 개인들이 있더라도, 절대로 하나가 된 조직을 이기기는 어렵다!"

어쩌면 이렇게 멋진 말을 하실 수 있을까! 정말 이 밋진 명언을 알려주시려고 지금까지 우리에게 미치도록 축구경기를 시키셨던 것이었다면 대대장님은 운동에 미친 분이

특별한 삶을 대하는 태도와 자세

아니라 천재셨던 것이 분명하다.

　이 말의 뜻은 다음과 같았다. 전술팀은 어쩌다 한 번씩 교대로 축구를 했다. 또한 경기 시작 때부터 '당연히 우리가 이기지, 하하하!' 같은 자만심이 방심을 초래하게 했다. 이와 반대로 우리 본부는 매일 축구를 하면서 본인들도 모르는 사이에 체력이 늘었으며, 또 계속 패하다 보니 악에 바쳤고, 무엇보다 같은 인원들이 매일 함께 공을 차니 눈빛만 봐도 동료가 어떻게 움직일 것인가까지 알 수 있을 정도로 정말 하나가 되어 있었다. 지금 하는 말인데, 사실 매일 선수 열한 명을 채우는 것조차 버거웠다. 다들 힘들어서 못하겠다고 난리가 났기 때문이다. 그래도 아득바득 채워서 참가시키다 보니 참가했던 사람이 또 참가하게 되었고, 그 결과 '동일한 열한 명'이 하나로 똘똘 뭉치게 된 것이다.

　대대장님은 축구는 물론 백호 격투기 대회, 럭비 대회, 테니스 대회 등 정말 다양한 경기들을 추진하셨다. 그리고 나는 항상 모든 행사의 중심을 지켰다. 그러니까 경기를 준비하는 과정에서 생기는 모든 문제들을 해결해 나간 것이다. 당연히 소중한 경험과 노하우가 축적되었고, 이 모든 게 고스란히 내 무기가 되어 내 몸에 장착되었다.

대대장님 덕분에 갖추게 된 또 하나의 무기는 대대장님의 업무 방식에 있었다. 대대장님은 보고서 하나를 결재하실 때에조차 무려 대여섯 번이나 다시 작성하게 하실 정도로 꼼꼼하셨다. 심지어 글자 하나, 띄어쓰기 하나까지 신경쓰셔서 '너무 쪼잔하신 거 아닌가?' 싶을 정도였다. 아울러 규율과 방침을 무엇보다도 강조하셨다. 한마디로 '원칙주의의 표본'이셨다.

보고서의 기안자는 해당 보고서의 내용을 모조리 알고 있어야 했다. 혹시 보고서 내용과 관련된 법령이 하나라도 있다면 그 법 전체를 알아야 했다. 만약 대대장님이 물으셨는데 우물쭈물한다? 그러면 처음부터 다시 작성해야 했다. 당연히 여간 힘든 일이 아니었다. 이 당시에는 몰랐지만, 이것은 무엇보다 가치 있고 가장 특별한 경험이자 무기가 되었다. 어떤 업무에도 자신 있게 나설 수 있는 현재의 나를 탄생시켰기 때문이다.

워게임을 준비하든, 로드맵을 작성하든, 무엇이든 좋다. 무엇이 필요하고, 무엇을 준비해야 하는지 내 머릿속에서 모든 동선을 미리 가상으로 시뮬레이션해 보면서 한 장의 그림으로 그려보는 것이다. 그림을 구체적으로 그리면 그릴수록 실패는 최소화될 것이며, 성공은 더 극대화된다. 이

특별한 삶을 대하는 태도와 자세

전략이야말로 지금도 내가 어디서든 인정받을 수 있는 이유이자, 원하는 목표를 100퍼센트 달성해내는 성공의 요인이다.

지금 돌이켜보면 축구경기를 비롯한 다양한 행사와 대대장님의 업무 방식까지 다른 이들은 어떻게 받아들였는지 모르겠다. 하지만 확실하게 말할 수 있는 건 나는 이 과정을 통해서 삶의 지혜와 관련된 교훈을 얻었다는 사실이다. 남들은 다 싫어하는데, 내가 좀 특이한 거 아니냐고? 내가 남들과 달랐던 점은 무엇이었을까? 어떤 '다름'이 나를 성장시켰을까? 이유는 단 하나다.

"마음가짐! 즉, 하고자 하는 마음이 있다면 삶을 대하는 태도와 자세가 달라진다."

이를 가장 잘 증명할 수 있는 것이 바로 구보(달리기)이다. 정말 뛰기 싫어하는 마음을 가진 사람과, 어차피 운동하려고 했는데 잘됐다고 생각하는 사람은 구보를 시작할 때부터가 다르다. 그리고 시작이 다르니까 뛰는 과정에서 겪는 고통도 다르다. 물론 고통 속에서 얻을 수 있는 지혜와 경험도 다르다. 이것이 결국 큰 차이를 만들고, 성공의 여부를 결정하는 중요한 열쇠가 된다.

이왕 해야 할 일, 어쩔 수 없이 해야 하는 일이 있다면 가장 먼저 자신의 마음부터 다스려보자! 삶을 대하는 태도와 자세가 달라질 것이고, 변화가 일어날 것이며, 일상이 즐거워질 것이다. 당신이 이 변화를 즐기기를, 그리고 즉각 시도해보기를 바란다. 부디 다음과 같은 말을 하면서 말이다.

"오늘도 기대되는 하루가 시작되었다! 오늘 내게 주어진 모든 것에 감사합니다!"

특별한 삶을 대하는 태도와 자세

사람은 누구나 인정받고 싶어 한다.

707에서 처음 모셨던 대대장님의 보직이 끝나갈 무렵, 내 보직도 끝났다. 이제야 군 동기들과 나란히 전술팀(중대)의 팀장(중대장) 임무를 수행하게 된 것이다. 본부중대장의 임무가 막중했던 건 사실이지만, 뭐니 뭐니 해도 특수부대의 꽃은 '진정한 전술 요원'이기에, 707 전술팀장이라는 자부심이 내 가슴을 두려움 반, 설렘 반으로 채우면서 마구 흥분시켰다.

사실 동기들보다 1~2년 정도 늦게 임무를 수행하게 된 것이기에 '평생 기억에 남을 멋진 추억만 가득 안고 전역하자!'는 생각을 하고 있었다. 그런데 이런 내 마음을 기가 막히게 간파하신 대대장님께서 정말 평생 기억에 남을 엄청난 선물을 남기시곤 다른 자리로 떠나셨다. "넌 잘해낼 거야!"라는 부담스러운 말씀까지 남기시고서 말이다.

"다음과 같이 전술팀장을 발령합니다! 707 대테러특수임무대 1지역대 1중대장 대위 박. 광. 철!"

707은 전술지역대와 기타 등을 담당하는 지역대로 편제되어 있고, 각 지역대 내에는 중대와 본부가 편제되어 있다. 전술지역대 중 최선봉 지역대는 1지역대이고, 그중에서 최선봉이 1중대다. 내가 바로 그 최선봉의 중대장으로 발령난 것이다. 즉, 707 전체를 대표하는 리더의 자리, 707에서 최고의 자부심을 누릴 수 있는 자리에 바로 내가 앉은 것이다. 이렇게 도전적인 자리에 위치하게 된 것만으로도 정말 감사해야 할 일이었음에도 항상 그 당시에는 눈 뜬 장님처럼 감사함과 소중함을 느끼지 못했으니, 실로 깊이 반성해야 할 일이다.

내가 최선봉 팀장으로 임명되자마자 새로운 대대장님이 부임하셨다. 새 대대장님은 큰 키만큼이나 무척 화통하셨다. 그리고 무엇보다 사람에 대한 신뢰를 중시하셨다. 누군가가 누군가를 믿어준다는 것, 바로 이 '신뢰'라는 엄청난 무기를 알게 되는 순간이다.

사람은 누구나 인정받고 싶어 한다.

최선봉 팀장이어서였을까? 아침 상황 브리핑이나 중요한 훈련, 그리고 행사 등이 있으면 가장 먼저 내게 업무가 맡겨졌다. 일반적으로는 업무가 시작되면 "어떤 식으로 준비해야 한다"는 방향 설정이나 지시사항 등이 있기 마련이다. 하지만 새 대대장님께서는 다른 말씀 하나 없이 그냥 그 사람에게 믿고 맡기셨다. 듣자하니, 원래 그런 스타일이셨다고 한다.

이 '신뢰'라는 것은 정말 놀랍다. 물론 당사자에게는 엄청난 스트레스와 부담을 안기지만, 그러면서도 그 신뢰에 대한 책임감이 더 깊은 노력과 완벽한 숙달을 위한 반복을 만들어낸다. 그리고 이는 놀라운 결과를 창출시킨다. '무엇이 정답일까?' 골똘히 생각해도 답이 안 나오는 상황과 그에 따른 불안감이 오히려 나 자신으로 하여금 끝까지 최선을 다하도록 채찍질하기 때문이다.

그리고 바로 그날도 아침 상황 브리핑이 끝나자 대대장님께서 먼저 크게 박수를 치셨다. 이에 모두가 덩달아 박수를 쳤다.

"아주 훌륭해! 브리핑은 바로 이렇게 하는 거야! 앞으로 아침 상황 브리핑은 항상 이런 식으로 진행하도록 해!"

밤새 연습했던 게 빛을 발하는 뿌듯한 순간이었다. 엄청난 전율을 느꼈다. 이게 바로 신뢰에 대한 보답이며, 책임을 성취한 데 따른 희열이었다. 그리고 신뢰에 대한 보답은 또 다른 신뢰를 가져오며, 새로운 임무도 탄생시킨다. 성취에 따른 희열을 한 번이라도 느껴본 사람은 다음 성취에서 더 큰 희열을 느끼며, 또한 자신을 신뢰해준 이의 믿음에 부응하고자 더 많은 노력과 열정으로 최선을 다하기 마련이다. 그리고 마침내 더 큰 성취와 희열을 얻어낸다. 이것이 바로 신뢰의 진정한 힘인 것이다. 물론 신뢰에 보답하기 위한 최선의 노력이 없다면, 그 어떤 성취나 희열도 얻지 못하는 것은 자명한 사실이다.

대대장님의 이와 같은 신뢰에 대한 내 믿음은 또 한 번 나를 스스로 움직이게 만들었다.

707에서는 분기마다 체력, 사격, 레펠 등 전술 능력 평가를 실시한다. 특히 체력 평가 만점 기준인 외줄 11미터, 평행봉 55개, 턱걸이 35개, 윗몸일으키기 68개, 5킬로미터 달리기 17분 30초 등은 이제껏 장교가 한 번도 획득한 적이 없는 기록, 즉 한계의 기준으로 인식되고 있었다. 하지만 믿음은 한계를 뛰어넘었다. '최선봉팀장'이라는 자부심과 대대장님의 신뢰가 '한계점을 뛰어넘는 도전!'이라는 멋진 놈을

사람은 누구나 인정받고 싶어 한다.

내게 선물한 것이다.

이제껏 헬스장조차 한 번 가본 적 없던 나는 잠재력을 폭발시켰다. 장교 최초로 5개 종목 가산점 40점(외줄 제외)을 포함한 540점 만점의 대기록을 달성한 것이다. 나는 한계를 극복해냄으로써 나 자신을 스스로 증명해냈다. 칭찬이 고래를 춤추게 한다면, 신뢰는 사람을 날아다니게 만든다.

| 꿈을 만드는 최고의 무기 |
당신은 신뢰 받는 사람인가?

사람이라면 누구나 인정받고 싶어한다.

혹여 인정받으려면 다른 사람에게 잘 보여야 한다든지, 아니면 다른 사람들의 시선에 맞춰 사는 '타인의 삶'을 살아야 한다고 생각할 수도 있겠다. 이는 신뢰의 본질을 오해한다면 충분히 그럴 수 있는 일이다.

하지만 이는 인정을 받는 것과는 분명 다르다. 기준이 다르기 때문이다.

당신은 타인의 기준을 충족시키려고 살 게 아니라, 타인의 신뢰에 대한 믿음을 기반으로 삼아서 당신이 정한 기준을 스스로 충족시킬 수 있도록 최선을 다하면 된다. 자칫 타인의 기준을 충족시키려고 한다면 그 신뢰는 변질된다. 그러니 신뢰를 주는 사람과 신뢰를 받는 사람 모두가 상대방을 배려하는 마음을 가져야 한다. 즉, 신뢰를 주는 사람은 결과에 상관없이 상대방을 배려하는 마음으로 믿고 맡기며, 신뢰를 받는 사람은 상대방을 배려하는 마음으로 자신이 할 수 있는 최고의 기준을 충족시키도록 노력해야 한다. 그래야 진정한 신뢰의 관계가 성립된다.

실망할 필요도 없고, 좌절하지 않아도 된다. 당신이 최선을 다했으면 그걸로 된 것이다. 이미 최선을 다하기 위해 노력하는 과정에서 어떤 특별한 무기를 당신은 이미 얻어냈기 때문이다.

'누군가에게서 인정을 받고 싶다'는 것은 인간의 당연한 본능이다.

사마천 선생의 역사서 『사기』에는 "자고로 선비(사내)는 자기를 알아주는 이를 위해 죽는다"는 명언이 나온다. 예양이라는 사람이 자신을 신뢰해준 주군 지백을 살해한 귀족 조양자를 죽이려고 하다가 붙잡혔을 때 했던 말이다. 조양자도 예양의 뜻을 가상히 여겨 자신의 옷을 벗어서 칼로

사람은 누구나 인정받고 싶어 한다.

찌르게 한 뒤 스스로 목숨을 끊을 기회까지 주었다.

만약 우리에게 '인정받고 싶다!'는 욕구가 없었다면 우리가 이만큼 성장할 수 있었을까? 당신도 부모님에게서, 선생님에게서, 친구들에게서, 아내에게서… 인정받고 싶지 않았던가?

'인정을 받는다'는 건 곧 누군가가 나를 신뢰한다는 뜻이다. 그리고 이 건전한 신뢰의 관계가 서로를 더욱 성장시키고 발전시킨다. 이것이 바로 내가 지금 이 책을 읽고 있는 당신에게서 인정받고 싶은 이유이며, 또한 이를 통해 당신에게 신뢰를 주고자 하는 가장 큰 이유다.

당신은 나와 함께 성장할 준비가 되어 있는가? 만약 '그렇다'면 우리는 분명 함께 성장하는 기쁨을 누리게 될 것이다.

그렇다! 우리는 인정과 신뢰를 받는 사람이 되어야 한다. 그러기 위해 당신은 얼마나 노력하고 있는가? 다음과 같은 질문을 당신 자신에게 해보라.

"나는 지금 신뢰를 받는 사람인가?"

내 것만
잘하는 사람은
잘할 수밖에 없다.

누구에게든 자신이 생각하는 '최고의 순간'이 있다. 물론 지금 내게 누군가가 최고의 순간이 언제였냐고 묻는다면 '지금 이 순간!'이라는 뻔하고 멋진 말로 화답하고 싶긴 하지만, 사실 꿈을 이루기 위해 자아 성찰을 하면서 찾은 최고의 순간은 바로 707 시절이었다. 최고의 전성기였던 이 시절의 나는 마음만 먹으면 원하는 모든 것을 이루어냈다. 마음가짐과 신뢰의 엄청난 힘이 나를 승리의 길로만 인도해갔다.

707 장교로서는 최초로 체력 평가에서 540점 만점 달성, 인공암벽 등반 경기에서 팀 2위 및 개인 최우수, 해상 훈련 철인 3종 경기에서 팀 우승 및 개인 1등, 707 체육대회 1지역대 최초 종합우승, 전술 능력 평가 대회 입상 등을 달성했다. 낮은 자존감 때문에 패배의 삶을 살던 이전의 나는

내 것만 잘하는 사람은 잘할 수밖에 없다.

온데간데없이 사라지고, 어디서든 당당하고 열정 가득한 승리의 삶만 계속되는 최고의 시간이었다. 그중 가장 특별했던 순간은 바로 백호 인공암벽 등반 대회다. 아무도 기억 못하는 이런 사소한 것까지 세세하게 기억하는 것부터가 어쩌면 자만심 같은 게 이미 내 안 어딘가에 존재해서가 아닐까 싶다.

그러나 어느덧 내 인생 최고의 순간 중 하나가 된 인공암벽 등반은 가장 부끄러운 흑역사가 되어가고 있다. 그 당시에 대한 기억이 오로지 내 기준과 시선에 의해서만 내 머릿속에 기록되었다는 사실을 뒤늦게 깨달았기 때문이다. 그런데 지금은 부끄럽기까지 한 이 '최고의 순간'마저도 최고의 무기로 변화시키는 것 또한 나의 새로운 과제였을까?

'다시 한 번 무엇인가에 도전할 기회가 찾아왔다!'

이제껏 707의 운동장 한쪽 구석에 있던 인공암벽을 전시품 정도로만 생각하고 있었는데, 이를 새롭게 정비하면서 훈련 독려를 위한 인공암벽 등반 대회가 개최된 것이다.

'까짓 거, 뭔진 몰라도 해보면 되겠지!'

'무엇이든 마음만 먹으면 무조건 이룰 수 있다!'는 확신이 하늘을 찌르던 때였던지라, 어떤 것도 두렵지 않았다. 하지만 타인의 기준에 맞추고자 하는 것과 같은 신뢰의 변질과,

지금껏 쌓아온 이미지를 지키려는 부담감이 내 안에서 점차 자라나고 있었다. 그러다 보니 '이번에도 내가 누구인지 확실히 보여주겠다!'는 오기가 들었다.

인공암벽은 높이 약 30미터, 기울기 30~40도의 장애물이다. 결코 만만치 않기에 꾸준한 훈련만이 성공의 열쇠였다. 하지만 인공암벽 하나를 두고서 707의 모든 팀이 훈련해야 했기에 연습시간은 턱없이 부족했다. 그보다 더 심각한 문제는 당시 최악이었던 내 상태였다. 이전에 인공암벽을 등반해본 팀원들은 단번에 감을 잡고 무난하게 올랐지만, 난 고작 2미터도 못 올라가서 팔의 힘이 완전히 풀려버리는 것이었다. 역시나 막연한 자신감만으로는 아무것도 이루어낼 수 없다는 사실을 깨닫고서 실망하고 있을 때, '선봉'이라는 타이틀과 지역대의 사기와 명예가 내게 달려 있다는 사실이 나를 압박해왔다.

'모두 나만 믿고 있을 거야. 이번에도 꼭 해내야 한다!'

그런데 더 잘하려고 노력할수록 몸이 내 마음처럼 잘 따라주지 않았다. 나중에 팀원들이 이렇게 말했을 정도였으니 말이다.

"이렇게까지 심각하게 못할 줄은 전혀 예상하지 못했습니다."

내 것만 잘하는 사람은 잘할 수밖에 없다.

운동신경이 곧 잠재력이라고 생각했던 나 자신도 살짝 당황했다. 그렇게 시간은 흘러가고, 마음은 더욱 조급해졌다. 훈련에 참가한 인원이 많아 전체적으로 팀별 훈련시간을 따로 정하긴 했지만, 팀 훈련시간이 되어도 팀 전원이 함께 훈련할 수는 없었다. 암벽 높이로 인해 팀원 중 한 명은 줄을 꼭 확보해줘야 했기 때문이다. 즉, 한 번에 훈련할 수 있는 인원은 단 한 명뿐이었다.

우리 팀은 과감하게 결단을 내렸다. 모두가 하나가 되어 모든 훈련시간을 내게만 몰아주기로 한 것이다. 한마디로 모 아니면 도였다. 이 판단이 옳은 판단이기를 소망하며 나는 모든 방법과 노하우를 전수받고서 매달리고 또 매달렸다. 게다가 팀원들이 휴일도 반납하면서까지 줄을 잡아준 덕분에 나는 훈련에만 매진할 수 있었다. 정작 팀원들은 한 번도 매달리지 못하면서까지 말이다.

평가는 빠른 등반시간과 성공 여부를 합해서 가장 빨리 성공한 팀 전원에게 승리가 주어지는 방식이었다. 한편 인공암벽을 올라가는 길은 홀드(hold, 손잡이)에 따라 다양했다. 하지만 시간도 부족했던 터라 난 딱 한 길만을 죽어라 팠다. 만약 내가 가는 길에서 홀드 하나만 삐뚤어져 있었어도 난 성공하지 못했을 것이다. 어차피 모험이라는 생각으로 오직 한 길만을 반복하고 또 반복했다. 반복의 놀라운 기적을 믿으면서 말이다.

드디어 내 차례가 왔다. 극도의 긴장감이 몰려왔다. 성공의 주문을 외치면서 내가 가야 할 목표, 오직 홀드에만 집중했다. 내 전략은 완벽히 적중했고, 나는 꼭대기에 매달린 종을 크게 울렸다. 더 놀라웠던 사실은 어느 누구보다도 빨리 종을 울렸다는 것이다! 우주의 모든 기운이 나를 향하고 있는 것이 분명했다. 지역대 모두가 환호하며 난리가 났다.

"역시 1중대장! 최고야!"

"역시 못하는 게 없어!"

"역시 해낼 줄 알았어!"

"축하해, 선봉!"

역시, 역시, 역시, 역시! '역시'로 시작하는 모든 찬사가 계속되는 동안 정작 우리 팀원들이 올라가는 모습은 전혀 보지도 못했다.

이로써 대회 일정이 모두 끝났다. 팀원들 모두가 완등에는 성공했지만, 종합시간에서 조금 밀려 아쉽게 준우승에 그쳤다. 하지만 나는 이미 영웅이 되어 있었다. 개인 기록에서 전 인원을 통틀어 가장 우수한 성적을 거둠으로써 지역

내 것만 잘하는 사람은 잘할 수밖에 없다.

대의 명예를 살렸기 때문이다. 그랬다! 이 대회의 주인공은 바로 나였고, 대회가 끝나고 나서도 칭찬과 성취감이 계속 이어졌다. 그리고 그 기분에 완전히 취해서 정작 나를 위해 헌신한 팀원들에게는 아무런 신경도 쓰지 못했다. 휴일까지 반납해가며 도와주느라 정작 본인들은 연습도 못했던 팀원들인데….

엄연히 따지면 팀이 우승하지 못한 이유도 바로 나 때문이었다. 그런데도 팀원들에게 감사하기는커녕 성취감에 취해서 나 자신에게만 감탄하고 있었던 것이다. 이렇게 자신감은 자만심으로, 배려는 이기심으로 완전히 변질되었다. '팀장인 내가 잘되면 팀 모두가 다 좋은 거지, 머! 나만 잘되면 된다!'라는 위험한 사고방식이 어느덧 내 마음 한구석에 자리를 잡은 것이다.

"내 것만 잘하는 사람은 잘할 수 밖에 없다"는 말을 아는가?

어떤 목표가 주어졌을 때 다른 사람이 어떻게 되든 전혀 상관하지 않고 '오직 그 목표만 이루면 된다!'는 마음으로 수단과 방법을 가리지 않는 사람이 있다. 그런 경우에 남에게 피해를 주지 않으면 그나마 다행이지만, 이런 사람은 결국 남에게 피해를 주면서까지 자신의 이익만 생각한다. 그리고 분명 누군가는 이 사람 때문에 받지 않아도 될 불이익을 받는다. 이런 이들을 볼 때마다 "어떻게 저렇게 살 수 있을까?" 하는 생각과 함께 화가 머리끝까지 치밀어 오를 때가 한두 번이 아니다.

더욱 재미있는 사실은 이런 사람이 의외로 우리 주변에 아주 많으며, 생각보다 아주 가까이에 존재하고 있다는 사실이다. 아니, 당신이 아는 그분이 바로 그 사람일 수도 있다. 이런 사람에 대한 대응 방책은 단 하나다.

"되도록 마주치지 말고, 피하라!"

어차피 사람은 변하지 않는다. 물론 아주 대단한 사건을 계기로 놀랍게 변화하는 사람도 있다. 하지만 저런 사람들은 조금 다르다. 특히나 더욱 변화하기가 어렵다. 왜냐하면 인생에서 가장 소중한 가치인 '사람'을 놓치고 있기 때문이다. 예를 들어보자.

언제나 결정적인 순간에 이기심으로 주변 사람들을 힘겹게 만드는 사람이 있다. 하지만 정작 본인은 이를 전혀 인지하지 못한다. 아니, 그걸 모른다. 이미 주변 사람들 모두가 똑같이 느끼고 있는데도 불구하고 말이다. 그렇게 말은 하지 않아도 주변 사람들은 어느새 그를 마음에서 지워버린다.

내 것만 잘하는 사람은 잘할 수밖에 없다.

그리고 그에게 진심 어린 조언을 해줄 어떤 이도 전혀 남지 않게 되며, 용기 내어 어렵사리 조언을 해주어도 다음과 같은 답변을 듣게 된다.

"뭐? 네가 감히 나한테? 네가 뭔데!"

이처럼 용기 내어 조언을 해주어도 말도 안되는 감정의 폭발로 본인만 기분 나빠할 뿐, 여전히 자기 잘난 맛에 살아간다. 그래서 언제나 피해를 보는 건 여전히 우리다.

따라서 결론은 하나다. 이런 이들로 인해 당신의 행복한 기분을 망치거나 소중한 시간을 낭비하지 말고, 그 시간에 당신 자신을 더 사랑하고, 당신이 사랑하는 사람들과 더 좋은 시간을 더 많이 보내라! 즉, 내가 사랑하는 사람들과 행복하게 보낼 시간도 부족한데, 저런 사람 때문에 굳이 에너지까지 소모하며 시간을 낭비할 필요가 없는 것이다.

결국 '내 것만 잘하는 사람'은 매우 사소한 것에 목숨까지 걸면서, 정작 자기 인생에서 가장 소중한 것들을 놓치고 있다. 더군다나 내 것만이라도 잘하면 다행인데, 잘 안되었다면 그 이후에는 무슨 일이 일어날지를 생각조차 안 한다. 문제는 저런 사람이 이런 사소한 것마저도 잃고 나면 결국 아무것도 남지 않는다는 것을 모른다는 사실이다.

'내 것만 잘하는 사람'은 역시나 잘할 수 밖에 없다. 또 자기 것만 하면 되기에 사실 어려울 이유도 없다. 누구나 할 수 있다는 말이다. 단지 평범한 사람은 남에게 피해를 주면서까지 그렇게 하고 싶지 않을 뿐이다. 그럼에도 저들은 정작 자신이 너무 잘하고 있으며, 대단한 줄 안다. 즉, 단단히 착각에 빠져서 잘난 척한다. 정말 말문이 턱 막히고 기가 찰 노릇이다. 이런 사람을 보면 '그래, 너 참 잘났다' 하면서 그냥 거리를 두는 게 상책이다. 자칫하면 미움과 저주와 증오를 살 수 있기 때문이다.

이렇듯 누구나 할 수 있는 사소한 일 때문에 당신의 인생에서 가장 소중한 존재인 친구, 가족, 동료, 그리고 무엇보다 당신 자신까지 잃어서는 절대 안 된다. '진짜 잘하는 사람'은 주변 사람들과 함께 나누는 사람이다. 주변 사람들과 함께 울고, 함께 웃고, 함께 기뻐할 수 있는 사람이다. 어떤 일을 하든 그 결과에 관계없이 "역시, 역시, 역시!"가 아니라 "함께, 함께, 함께"하는 사람이다.

누구든지 절대 혼자서 살아갈 수는 없지 않는가. 영국의 작가 대니얼 디포의 소설 『로빈슨 크루소』에서도 주인공 로빈스 크루소가 '프라이데이'를 만나서 함께 살지 않았더라면 실제 로빈슨 크루소의 모델이 된 사람처럼 망가졌을 것

내 것만 잘하는 사람은 잘할 수밖에 없다.

이다. 더군다나 오늘날에는 인터넷이 있기에 혼자 사는 게 가능하다고, 혼자 사는 게 차라리 편하다고 생각하는 사람들도 많다. 하지만 믿어야 한다! 결국 처절히 후회하며 반드시 돌아오게 되어 있다는 사실을 말이다.

이기심을 버려라! 그 순간의 환호와 기쁨은 아주 잠깐일 뿐이며, 인생의 아주 사소한 이벤트일 뿐이다. 그런 건 하나도 중요하지 않다. 진정 제일 중요한 건 지금 이 순간에도 당신 곁에서 당신과 함께하고 있는 소중한 사람들임을 결코 잊어서는 안 된다.

지금 이 순간, 당신 자신을 되돌아보면서 혼자가 아닌, 소중한 사람들과 함께 걸어가라!

내부 소탕 훈련 때 '하나가 된 우리'

도대체
무슨 생각을 하면서
사는 거니?

"무엇을 하든 목표가 중요하다! 하지만 그보다 더 중요한 것은

그 목표를 이룰 수 있다는 확신이다!"

고승덕

　목표가 생겼다. 넘쳐나는 자신감을 '반드시 이룰 수 있다!'는 확신으로 바꾸어 내가 할 수 있는 최대한의 노력을 기울여왔다. 그 덕분일까? 결과는 언제나 나의 것이었고, 어떤 목표든 이루어내는 내가 정말 대단한 줄 알았다. ROTC 출신 장교로서 의무적으로 근무해야 하는 6년 4개월도 어느덧 지나가고, 전역이 바로 코앞에 다가왔다. 하지만 막연한 목표만 있었을 뿐 미래를 준비하지도, 이에 대한 걱정도 하지 않았다. 말 그대로 '아무것도 안 했다.' 어디서든 "어서옵쇼!"

하며 모셔가리라고 단단히 착각하고 있었기 때문이다.

'707에서 이 정도 했으면, 밖에 나가서 뭐라도 하지 않겠어? 마음만 먹으면 뭐든지 할 수 있고, 그전에 또 어디든 가겠지! 난 분명 잘 될 수밖에 없을 거야!'

'세상'이라는 어마무시한 태풍이 바로 눈앞까지 와 있는데도 햇병아리 같은 나라는 놈은 그저 눈앞에 보이는 현실에 만족하며 천하태평이었다.

물론 먹구름이 보이기는 했다. '707 출신'이라는 화려한 경력 덕분에 제대 후 입사가 예정된 회사가 있었지만, 갑작스러운 회사 사정 때문에 합격이 취소된 것이다. 하지만 이제까지 쌓아둔 명성과 다른 이들의 시선을 의식하여 아무렇지 않은 척, 더욱 강한 척 위장했다. 더군다나 그 회사에서는 미안함 때문인지 다른 회사들을 제안하기도 했지만, 나는 이미 다친 헛된 자존심 때문에 멍청하게도 다음과 같은 답변을 그 회사에 보내주고 말았다. 단지 '자존심이 상했다'는 이유로 말이다.

"죄송하지만 제가 알아서 하겠습니다. 제 갈 길은 제가 알아서 합니다."

나는 나를 더 큰 나락으로 빠뜨리고 있었다. 결국 나를 찾아주는 회사는 끝까지 나타나지 않았고, 나는 전역신고와 함께 세상에 덩그러니 던져졌다. 아내와 세 살짜리 딸을 가진 가장으로서의 책임감을 갖기는커녕 헛된 자존심 때문에 전혀 준비되지 않은 전역을 맞이한 것이다.

불행은 항상 연이어 온다던가! 전역 후, 세상이 내게 준 첫 선물은 '기획부동산 사기'였다. 어린 나이에 결혼한 우리 부부가 겨울에 보일러도 안 켜고 찬물로 샤워하면서 소득의 80퍼센트 이상을 우직하게 저축해 마련한 종자돈을 날린 것이다. 가장 어렵고 중요한 시기에 모든 것이 한순간에 사라졌다.

위기임에도 위기인 줄 모르는 것이 가장 큰 위기라고 했던가? 무엇이든 해야 하는 위기의 상황인데도 나는 전혀 동요하지 않았다.

'장교로 임관해 리더의 자리에 있었고, 지금껏 쌓아온 경력도 있잖아. 아무 회사나 들어갈 수는 없지! 적어도 중간 관리자 정도는 가야 하지 않겠어?'

이런 내 사고방식은 예전에 내가 혀를 차고 감히 뜯어고쳐주려고까지 했던 특전사 시절 선배들의 모습과 똑같았다. 결국 구질구질한 자존심을 내려놓지 못한 것이다.

도대체 무슨 생각을 하면서 사는 거니?

아내는 남아 있는 돈이 얼마 없다고 했다. 아내와 함께 우리가 가진 돈을 확인하고 계산해 보니 6개월 정도 버틸 수는 있을 것 같았다.

타이밍이 기가 막히게도 함께 전역한 동기 녀석이 예비군 동대장시험을 같이 보자고 했다. 대충 설명을 들어보니 대위로 전역하면 7급, 소령은 5급의 직급으로 예비군을 관리하는 별정직 공무원시험이었다. 무엇보다 7급 공무원시험까지는 딱 6개월! 마치 운명적인 기회를 만난 것처럼 더이상 생각해 보지도 않고 곧바로 아내에게 '대화'가 아닌 '통보'를 했다. 그리고 이때부터 우리 가정의 모든 초점이 내게 맞추어졌다.

학원과 독서실 등 공부할 수 있는 여건을 조성하기 위해 세 살짜리 딸을 갑작스럽게 어린이집에 보내야 했고, 아내는 지인의 추천으로 오전 중에만 하는 알바를 시작하였다. 사실 아내는 결혼하기 전까지 고생 한 번 안 해본 귀한 공주님이었다. 그런 사람이 나 때문에 난생 처음 알바까지 하게 되다니…. 장인어른과 장모님이 아시면 가슴 아파하실 것 같아서 차마 말씀드릴 수 없었다. 물론 아내는 재미있을 거 같아서 오전에만 잠깐 다녀온다고 했지만, 실상은 생활비라도 조금 벌어볼 생각임을 알고 있었기에 가슴이 메여 펑펑 울었다. 더군다나 매일 아침 독서실에 가기 전 아직 어린이집에 적응도 못한 딸이 헤어지기 싫다며 울부짖는 모습에 더더욱 괴로웠다. 이렇듯 이 모든 게 형편없는 가장인 '나' 하나 때문에 생긴 일이었다.

이후 눈물로 책을 적시며 최선을 다했다. 무엇이든 시작만 하면 그래도 잘 이루어냈던 내가 아니던가! 첫 전국 모의고사에서 단순암기력으로 전체 1등을 하며 우수한 성적을 거두었다. 이제 모든 준비는 끝났고, 합격만이 나를 기다리고 있다고 생각했다.

'이 지긋지긋한 생활도 이제 끝이다!'

그동안 고생해온 우리 가족을 생각하며 안정된 삶을 기다리던 어느 날, 불행은 아직도 나를 잊지 못했는지 또다시 찾아왔다.

5급 공무원시험은 이미 예정된 자리를 놓고 시험을 치지만, 내가 준비한 7급 공무원시험은 부족한 자리가 나와야 시험을 볼 수 있었다. 그런데 당시 내가 살던 곳 근처에는 모든 자리가 다 꽉 차 있고, 대선에만 자리가 하나 남아 있었다. 따라서 삶의 터전을 옮기든가, 아니면 가족과 떨어져 있어야 하는가를 선택해야 하는 최악의 상황 앞에 놓여 있었다.

도대체 무슨 생각을 하면서 사는 거니?

그래도 혹시나 싶어서 대전에 곧장 내려가 봤지만, 역시나 예비군부대는 말 그대로 산골짜기 다람쥐나 살 법한 깊은 산골에 위치해 있었다. 시내를 가려고 해도 한참을 가야 하는 그런 곳에 말이다. 결국 가족과 함께 지내기도, 내려와서 혼자 지내기도 도저히 불가능하다고 판단한 나는, 이번에도 역시 가족과 한마디의 상의도 없이 내 마음대로 이제까지의 여정을 과감히 끝내버렸다. 아무 대책도 준비하지 않고서 다시 한 번 가족 모두를 궁지로 내몬 것이다. 도대체 이 당시 나는 무슨 생각을 하면서 살았는지, 지금 생각해봐도 정말 아찔하다.

다시 어디든 가야 한다는 절박한 상황에 직면했다. 이미 아내도 딸도 나 때문에 고생하고 있다는 사실을 충분히 인지하고 있었기에 얼른 이 현실에서 벗어나고자 노력했다. 하지만 이번에도 방향을 잘못 잡았다.

'공부도 할 만큼 해봤고, 한 번 사는 인생, 그동안 못해봤던 넥타이라도 한 번 매봐야 하지 않겠어? 더 늦기 전에 회사에서 근무해봐야지!'

어디서 이따위 자신감이 나왔을까? 정말 미스터리하다.

이렇게 갑자기 '회사'라는 진로가 결정되고, 그 결정에 부합하기 위해 나는 조급하게 움직이기 시작했다. 그런데 조급함이 오히려 행운을 준 것일까? 아니면 아내의 간절한 기도 덕분이었을까? 이전에 합격을 취소시켰던 회사로부터 다른 회사에 들어갈 수 있는 좋은 기회를 제공받았다. 비록 '특채'라는 꼬리표가 달렸지만, 내 절박한 상황에 비하면 이는 아무런 문제도 아니었다. 다행히 최종면접까지 무사히 통과하면서 '조급한 내 꿈'이 이루어졌다.

도대체 무슨 생각을 하면서 사는 거니?

진짜와 가짜가 가려지다.

　꿈꾸던(?), 아니 솔직히 말해 조급함에 선택했던 회사생활이 시작되었다. 전역 후 제대로 된 월급 한 번 가져다준 적도 없는 나를 위해 아내가 웃음을 지으며 넥타이를 매주었다. 아내가 안쓰러우면서도 고마웠다.

　"아, 이 얼마 만에 출근다운 출근인가!"

　넥타이가 목을 심각하게 조이긴 했지만, 이게 바로 정장의 매력 아니겠는가!

　회사에 도착하자마자 오리엔테이션이 급하게 진행되었다. 신임 동기들과의 만남도 한껏 기대했건만, 이게 웬걸, 참석 대상자가 나 하나뿐이지 않는가! 알고 보니 이 회사에서는 지금까지 단 한 번도 시도한 적 없던 특채를 처음 실시한 상황이었다. 게다가 모집인원도 단 한 명이었는데, 그 합격자가 바로 나였다.

이에 더해 한 번 더 나를 놀라게 할 무서운 일이 기다리고 있었다. 회사 내에서 가장 중추적인 역할을 수행하는 엘리트 집단인 전략기획팀에 내가 배치되었다는 사실이었다. 이름만 들어도 알 만한 쟁쟁한 대학교 출신들이 모인 엘리트 부서에 유일무이한 체육대학 출신의 특수부대 요원이라니…! 이때부터 무언가가 단단히 잘못되었음을 직감했어야 했는데….

'회사가 나를 제대로 알아봐주고 있구나!'하는 착각에서 얼른 빠져나오지 못한 내가 한심할 따름이다.

시작은 언제나 좋았다. 회사 내에서도 최고로 인정받는 부서에 근무한다는 자부심도 생겼고, 무엇보다 팀장님이 잘해주셨기 때문이다. 팀원들은 '팀장이 지독한 악마 같은 사람이니 조심하라'고 몇 번이나 경고했지만, 나는 그럴 만한 이유를 단 하나도 찾지 못했다. 오히려 다른 부서에까지 손수 인사도 시켜주시며 친절히 대해주셨고, 어딜 가든 보디가드처럼 나를 데리고 다니시며 든든해 하셨으니 말이다.

지금 생각해보면 조금 지나치다 싶은 면도 있긴 했다. 다른

진짜와 가짜가 가려지다.

선배들이 한창 바쁜데도 불구하고 내게는 꼭 정시에 퇴근하도록 독려하셨고, 일찍 퇴근하는 날이면 회사 비서실장님과 함께하는 저녁식사 자리까지 만들어주셨다. 또 항상 술도 사주시며, 다음과 같은 말씀을 자주하셨다.

"몸도 반듯하고, 항상 밝게 열심히 하는 모습이 너무 좋아! 회사에서 거는 기대가 큰 만큼 없어서는 안 될, 아니 꼭 필요한 인재가 될 거야!"

도대체 내 어떤 면을 보고 이런 말씀을 하시는지 궁금했지만, 어찌 되었든 과분한 칭찬이 항상 듣기 좋았다.

업무시간 역시 마찬가지였다. 바이럴 마케팅(viral marketing)이라는 업무가 너무 생소해서 이해할 수도 없었고, 보고서 하나 제대로 작성하지도 못했다. 그런데도 꾸중은커녕 격려를 받고 있으니 매우 황당했다. 신임인데다 회사 생활이 처음인 만큼 관리 차원에서 잘 적응할 수 있도록 도와주는 줄로만 알았다.

그러던 어느 날, 마침내 판도라의 상자가 개봉되었다. 진정한 회사생활이 어떤 것인지 처절히 느끼게 해준 사건이 벌어진 것이다. 여느 때처럼 술자리가 벌어졌는데, 그날 팀장님은 도저히 궁금해서 못 참겠다고 생각하셨는지 갑자기 조용히 나를 따로 불러내어 물으셨다.

"혹시 아버님이… 맞지? 우리 회장님이 아버님 맞지?"

지금 생각해보면 이때 미리 눈치를 채고 다음과 같이 센스 있게 답변했어야 했다.

"그런 거까진 말씀드릴 수가 없습니다. 죄송합니다. 그냥 지켜봐주십시오."

이렇게 눈치껏 둘러댔다면 어느 정도 대우를 받으면서 지낼 수 있었을 것이다. 언제까지 그랬을지는 몰라도 말이다. 그러나 그 당시 마냥 순수했던 나는 어리석게도 다음과 같은 대답을 하고야 말았다.

"예에? 팀장님, 무슨 말씀이세요? 그럴 리가요! 제가 무슨! 하하! 절대 그럴 리가 없죠!"

당황하시는 팀장님의 표정과 함께 수수께끼가 모두 풀렸다. 이제껏 한 번도 특채를 한 적이 없던 회사에서, 더구나 사원도 아닌 대리 직급으로 특채를 했으니 회사에서는 다들 '아마 회장님 아들이겠거니' 생각한 것이다. 무엇보다 내 성씨와 회장님의 성씨가 같다는 것이 결정적인 이유였다. 그리고 이 기가 막힌 소문이 이미 회사 내에 돌고 있는 걸 나만 몰랐다.

사실 엄연히 따져보면 내 잘못은 전혀 없다. 그런데도 마치 대역죄인이라도 된 것처럼 고개를 들고 다닐 수가 없었다.

진짜와 가짜가 가려지다.

이렇게 약 한 달간의 파라다이스와 같았던 회사생활은 완전히 사라졌다. '억울하신 팀장님'은 내가 입사하면서 받았던 경고대로 진정한 악마가 어떤 것인지 본색을 드러내기 시작하셨다.

　다음 날부터 나는 매일 아침 7시까지 출근해야 했으며, 꼭 지하철 막차시간이 끊기고 나서야 퇴근을 할 수가 있었다. 아마 팀장님이 일부러 그렇게 한 건 아닐까 싶다. 무엇보다 업무시간은 그야말로 지옥이었다. 잔심부름을 시켰기에 이를 해 가기라도 하면 일부러 사람들 앞에서 보란 듯 소리를 질러대 일쑤였고, 보고서는 내가 있는 자리에서 찢겨지거나 던져졌다. TV에서나 본 그 비굴한 장면의 주인공이 바로 나였던 것이다. 이렇게 치욕적이고 수치스러울 수도 있음을 새삼 깨달았다. 또 어쩌다 모두가 조금 일찍 퇴근하는 날이면 같이 술이라도 한잔 하자고 하셨는데, 이때부터 모든 계산은 언제나 내 몫이 되었다.

　하루하루를 정말 지옥에서 보내는 것 같았다. 넥타이는 나를 죽이려는 족쇄로 변했고, 정장은 마치 수의와도 같았다. 수면시간도 충분하지 않은 데다가, 움직이지도 않고 하루 종일 업무하는 척 의자에만 앉아 있다 보니 어느새 몸무게는 100킬로그램에 육박했으며, 퇴근 후 억지스러운 술자리까지 참석하면서 육체적·정신적으로 점점 피폐해져만 갔다. 불규칙한 생활로 몸은 망가지고, 항상 피곤에 찌든 채 아무런 목표도 의욕도 없는 무기력한 삶만 계속 반복될 뿐이었다.

특히나 나를 가장 힘들게 한 것은 내 능력을 전혀 발휘할 수 없다는 데 따른 절망감이었다. 지금까지의 경험과 노하우를 기반으로 한 내 잠재력을 활용하기에는 전혀 생소한 분야였고, 무엇보다 회사 내에서 내가 기대할 수 있는 '나의 미래'도 찾을 수가 없었다. 암담했다. 다른 팀원들도 남모르게 이직을 준비할 뿐, 그들 또한 회사에 대한 어떤 자부심조차 가지고 있지 않았다.

군인의 삶을 살았던 시절의 내 삶의 원동력은 목표의식과 주인의식, 애국심(자부심) 등이었다. 그러나 당시 이 회사에서는 그중 어떤 것도 기대할 수 없었다. 말 그대로 전의를 상실했고, '의지'라 할 만한 게 전혀 생기지 않았기 때문이다. 하지만 또다시 사랑하는 아내와 딸을 시궁창으로 내몰 순 없었기에 그냥 하루하루를 버티며, 견뎌낼 뿐이었다.

이런 내 마음을 어떻게 귀신같이 알아냈을까? 어느 날 아내가 먼저 말을 꺼냈다. 역시 여자의 직감은 너무나 무섭다.

진짜와 가짜가 가려지다.

"맞지도 않는 일로 너무 힘이 들면 그냥 그만두어도 돼. 우리가 뭘 하더라도 먹고는 살겠지! 그러다가 아프기라도 하면 그게 더 문제야!"

사실 지금의 나는 '긍정의 아이콘'이라 불릴 정도로 매우 낙천적으로 살지만, 지금은 물론 이 당시에도 언제나 아내가 나보다 한 수 위였다. 아마도 어릴 적부터 사랑이 넘치는 환경에서 자랐기 때문이리라.

아내가 해주는 위로의 말에 눈물이 왈칵 쏟아졌다. 아내와 딸을 빤히 보이는 지옥으로 또다시 밀어넣어야 한다는 걸 알면서도 긍정의 답변만 할 수밖에 없던 나 자신이 죽이고 싶을 만큼 한심하고 쓰레기 같았기 때문이었다. 과연 이때 아내는 무슨 생각을 하고 있었을까? 나중에 알게 된 사실이지만, 그 답은 이러했다.

"글쎄, 잘 모르겠는데…. 아마도 그냥 자기를 믿었던 것 같아!"

이 한마디가 지금의 나를 만든 아내가 가진 '신뢰의 힘'이다.

그렇게 나는 온갖 핑계를 대며 하루아침에 회사를 그만뒀다. 지금 내 장점 중 하나가 일단 한번 결심하면 절대 미루지 않고 바로 행동으로 옮기는 것인데, 아마 이때부터 그렇듯

'과감하게 결단하기'를 했던 것 같다.

사실 우리 집과 아내 집에 도움을 청하기도 했다. 너무 어려웠기에 조금이라도 도움을 받아야 했으니까. 하지만 부모님께서는 사정이 안 좋으신 건지, 아니면 아들이 아직도 정신을 못 차렸다고 생각하신 건지 단칼에 거절하셨다.

장인어른과 장모님께는 차마 말조차 할 수 없었다. 다만 어차피 도움을 받게 될 줄 알았더라면, 차라리 미리 말했어야 했다는 후회를 하고 있다.

옥인지 돌인지는 가장 힘들 때 알 수 있다고 한다. 한때 잘나가던 놈이 이 지경이 되니까 사람이 가려지기 시작했다. 이 과정에서 이제껏 알고 지낸 사람들 중 대부분이 사라졌다. 아내는 '오히려 잘된 일'이라며 나를 위로했지만, 그 말은 내 가슴을 더 아프게 만들 뿐이었다. 사실 나뿐이었다면 차라리 감당할 수 있었겠지만, 나 때문에 아내와 딸까지 주변 사람들로부터 '그냥 그런 사람' 취급을 받으면서 무시당하는 걸 보니 도저히 감당하기 어려운 분노가 치솟았다. 아마 이때 정말 정신이 번쩍 들었을까? 진짜와 가짜가 가려지며 모든 인간관계가 정리되고 보니 오히려 마음이 홀가분해졌다. 또 누구에게도 신경쓸 일이 없어졌기 때문일까? 다시 나 자신

진짜와 가짜가 가려지다.

에게만 관심을 가질 수 있게 되었다.

그렇게 다시 백수가 되었고, 무엇을 해야 할지 고민하던 그때, 존경하는 형님에게서 전화가 왔다. 교회에서 처음 만난 이 형님은 같은 대학 ROTC 선배이기도 했다. 이 형님은 대기업 임원이었으며, 무엇보다 인성으로나 능력으로나 모두에게서 존경을 받는 정말 훌륭한 분이셨다. 그런 형님께서 내 사정을 모두 들으시고 어떻게든 나를 도와주고자 본인이 설립한 작은 회사에서 일할 수 있도록 자리를 마련해 주셨다. 정말 감사하지 않을 수 없는 일이었다. 하지만 고맙고 가까운 사람일수록 더욱 신중하게 대했어야 했는데, 그 사실을 까맣게 잊고 있었다.

감사하는 마음이 너무 앞서서 나는 '이전 회사를 그만두게 되었던 본질적인 이유'를 망각하고는, 지금 내 눈앞에 보이는 상황에 또다시 조급하게 달려들었다. 상황이 상황인지라 그저 조금이라도 벌어보려는 조급함이 또다시 '현실'이라는 벽에 부딪혀 주저앉게 만든 것이다. 언제나 내가 최고라고 자부했던 나는 현실에 굴복하면서 시야는 좁아졌고, 이성적인 판단을 하기가 더욱 힘들어졌다. 여전히 이렇다 할 꿈이나 목표도 없이, 언제 끝날지 모르는 긴 방황의 늪에서 허우적거리며 누군가가 나를 구해주기만을 바라고만 있었던 것이다.

그렇게 나는 그것을 생명줄로 착각하면서 또 한 번 그 줄을 덥석 잡고야 말았다.

진짜와 가짜가 가려지다.

해 뜨기 전이
가장
어둡다.

저녁노을 진 경찰특공대 본관

감사하게도 나는 다시 회사에서 일할 수 있게 되었지만, 마음의 공허함은 여전했다. 먼젓번 회사를 그만두면서 진정 내가 원했던 것이 무엇인지를 생각해보기도 전에 현실과 타협하고 굴복했기 때문이었다. 물론 형님의 제안은 너무나 감사했지만, 이는 본질적인 해결책이 아니었기에 시간이 지날수록 오히려 상황은 더 나빠졌다. 월급은 이전보다 반 이상 줄어서 생활 자체가 불가능해졌고, 미래에 대한 불확실함 때문에 언제 죽어도 이상하지 않았다. 마치 하루살이처럼 시간만 낭비하고 있었다.

물론 형님께서 어렵던 나를 거두어주셨으니 너무나 감사해야 할 일이었다. 그래서 그 은혜에 보답하고자 더 잘하려고 노력했다. 하지만 더 많이 노력할수록, 매일 마주하는 현실로부터 오는 좌절감과 공허함이 나를 더욱 괴롭혔다. 또한 불편하지 않게 해주시려는 배려들은 오히려 더 큰 부담으로 작용했다. 이런 내 심정을 혹시나 형님이 아시게 되면 얼마나 실망하실까 하는 두려움에 불평과 불만을 표현하는 것조차 불가능했다. 이렇듯 애로사항조차 이야기할 수 없는 상황은 예전에는 생각조차 해본 적 없던 새로운 고충이 되었다. 이 모든 게 아무 생각 없이 무턱대고 조급하게 결정한 내 탓임을 깨닫고서 좌절하고 또 좌절했다. 더이상 아내를 볼 면목도 없었을 뿐더러, 나에 대한 아내의 신뢰마저 무너질까봐 입을 뗄 수조차 없었다.

　　　　　　　　해 뜨기 전이 가장 어둡다.

수중의 돈이 모조리 바닥났다. 이미 아주 오래전에 통장 잔고가 '0'이 되었다. 은행에서는 경력이 부족하다는 이유로 대출조차 해주지 않았다. '정말 갈 데까지 갔다'는 말이 바로 이런 상황을 두고 하는 말인 것 같았다. 죽고 싶다? 아니, 정말 '죽고 싶다'는 생각을 할 겨를도 없이 극도의 후회와 죄책감이 밀려왔다.

내게 일어난 모든 일은 분명 나 스스로가 자초한 일이었고, 그런 나 하나 때문에 아내와 딸이 힘들어한다는 사실은 나로 하여금 '분노'라는 새로운 감정을 드러내게 했다. 내가 할 수 있는 모든 욕을 내게 퍼부어도 후련해지지 않았다. 너무 한심하고 바보같아서, 그리고 내 자신에게 너무 화가 나서 눈물이 났다. 하지만 더 절망적인 것은 아무리 울어도 해결되는 게 없는, 정말 거지 같은 상황이었다.

'최악의 위기가 곧 최고의 기회가 된다'는 말을 기억하는가? 더이상 내려갈 곳도 없는, 아무런 희망조차 보이지 않는 이 절망적인 순간, 남들과 달랐던 단 한 가지의 태도가 이 순간의 나를 다시 일으켜 세웠다. 바로 무엇이 됐든 어떻게든 해내고야 말겠다는 불굴의 의지였다.

"세상을 원망하진 않는다! 환경을 탓하지도 않는다! 하나님을 원망하지 않는다! 도대체 무엇이 나를 이 지경까지 몰아넣었는지 모르겠지만, 한번 끝까지 가보자! 죽이 되든 밥이 되든, 한번 끝까지 해보자! 도대체 어디까지 갈지, 내 끝은 어딘지, 그 끝에는 무엇이 있는지. 나중에 어떻게 될지 모르겠지만, 일단 나 자신을 믿고 끝까지 가보자! 과연 어떻게 될까? 나도 궁금하다! 내게 얽힌 저주의 사슬이 있다면, 끝까지 가서 모조리 끊어버리겠다! 과연 그 끝이 어디인가? 그 끝을 보고야 말겠다!"

이렇게 선포함과 동시에 제대로 말도 못할 정도로 오열했지만 창피하지 않았고, 더이상 무서울 것도 없었다. 마지막이라고 생각했던 이 순간 나는 선택했다. 무언가를 원망하고 좌절하며 쓰러지기 보다, 내 인생에서 가장 고통스럽고 처절한 순간을 현명하게 넘기자고 결심한 것이다. 이렇듯 벼랑 끝을 마주한 순간, 그리고 벼랑 끝에서 결심한 순간, 다른 사람들의 시선 따위는 전혀 신경 쓰이지 않았다. 내가 살아야만 우리 가족이 살아갈 수가 있었기 때문이다. 그래서 난 철면피가 되기로 했고, 그렇기에 그 누가 날 어떻게 생각하든 그건 아무 상관이 없었다.

해 뜨기 전이 가장 어둡다.

바로 형님께 전화를 걸었다. 항상 바쁘시다는 걸 알았지만 꼭 만나서 드릴 말씀이 있었기에 더이상 지체할 수 없었다. 형님은 마치 이미 모든 걸 알고 계신 듯 회사 근처에 있는 근사한 중국요리 전문점을 예약하셨다. 사실 그냥 그만두 겠다고 말하면 끝날 일이었지만, 워낙에 존경하기도 했고 감사하기도 했기에 차마 그럴 수가 없었다. 아마 '소중한 사람'을 또다시 잃고 싶지 않아서 그랬던 것 같다. 그래서 일 까? 이러한 상황이 다른 어느 때보다도 나를 더 긴장하게 만들었다.

형님에게도 더이상 짐이 되고 싶지 않았기에 이전 회사를 그만둘 때와는 달리 현재의 내 상황과 내 의지를 장황하게 표현했다. 그런데 형님은 전혀 당황하지 않으셨고, 오히려 더 행복해 보이는 미소를 띄우며 화답하셨다.

"미안하지만 거절하고 싶은데…. 지금 또 바로 그만둔다면 분명히 더 힘들어질 것이고, 또 이겨내지 못하고 현실로 돌아가게 될 거야. 방금 네가 말한 조급함 때문에 올바른 판단을 또 하지 못할 가능성도 높아지겠지? 정말 네가 하고 싶은 일이 있다면 충분히 생각하고 결정하도록 해봐. 그때까지 여기서 준비할 수 있게 해줄게. 조금이나마 도움이 될 거야."

감사함에 또 눈물이 났다. 더군다나 형님은 내가 미처 생각하지 못한 부분까지도 이미 알고 계셨다. 어떻게 이런 상황에서조차 이렇게까지 배려해주실 수 있을까? 역시 존경하지 않을 수가 없다.

이후 약 4개월 동안 더 월급을 받으면서 그동안 잊고 지낸 꿈을 찾는 일에 집중했다. 내게 꿈이 있었는가 싶기까지 했지만, 이 지긋지긋한 현실에서 벗어나고 싶다는 간절함과 절박함이 꿈을 찾는 일을 지속할 수 있게 도와주었다. 그리고 결국 그 꿈을 찾았고, 6개월 만에 그 꿈을 이루어냈다. 3년간의 방황이 어떻게 보면 짧을 수도 있겠지만, 중요한 건 다른 사람들이 가라고 하는 꿈이 아니라 바로 내가 정말 원하는 꿈을 찾았다는 것이 중요했다.

내 꿈을 어떻게 찾아냈느냐고? 그 과정은 또 어떠했느냐고? 진정한 꿈을 이룰 수 있었던 최고의 전략과 방법은 무엇이었느냐고? 지금부터 나는 본격적으로 당신과 이에 대해 이야기를 나눌 것이다.

| 꿈을 만드는 최고의 무기 |

내 삶의 모든 경험 중에서 버릴 건 아무것도 없다.

해 뜨기 전이 가장 어둡다.

지금까지 당신이 들었던 모든 이야기는 누구의 것이었는가? 물론 내가 쓴 책을 읽고 있으니 어쩌면 당연한 것을 묻는다고 생각할 수도 있다. 하지만 이 당연한 이야기를 통해 당신은 꿈을 찾을 때 가장 중요한 과정이 무엇인지를 알게 되었을 것이다. 이것은 단순한 이야기가 아니다. 내가 겪은 모든 경험을 모아서 만든 내 삶 그 자체다. 그리고 지금부터는 당신의 이야기를 들려주어야 한다.

무슨 말이냐고? 지금까지 당신이 겪은 모든 경험 중에서 버릴 것은 아무것도 없다는 뜻이다. 당신이 경험한 걸 하나하나 떠올리며 얻어낸 깨달음은 지금의 당신을 분명 성장시킨다. 그리고 이 경험들은 당신도 모르는 사이에 당신만의 최고의 무기가 되어 결정적인 순간에 잠재력으로 발휘가 된다. 이것이 진정 내가 당신에게 전달하고자 했던 핵심적인 메시지이자, 지금까지 못난 내 이야기를 들려준 이유이다.

그러니 이제부터 당신은 당신의 이야기를 해야 한다. 당신이 가지고 있는 유일무이한 경험을 토대로 최고의 무기를 갖춰야 한다. 아무리 좋은 무기가 있더라도 사용할 줄 모르면 아무짝에도 쓸모가 없다. 다만 자신의 이야기를 할 때에는 주의해야 할 게 몇 가지 있다.

첫째: "어떤 경험이든 헛된 것은 하나도 없다"는 사실이 전제가 되어야 한다. 당신이 했던 모든 경험에는 분명 그 일을 겪게 된 어떤 이유가 존재할 것이며, 그 모든 것 또한 바로 당신의 것이다.

둘째: 어떤 경험에서든 긍정적인 마음을 가지고 긍정적인 결과를 도출해내야 한다. 물론 떠올리고 싶지 않은 경험도 있을 것이다. 하지만 그것 또한 당신에게 좋은 경험이 되었다고 생각해야 한다. 그러면 당신은 깨닫게 될 것이다. 당신이 몰랐던 당신의 능력을 말이다.

셋째: 당신이 후회하고 있는 모든 일들은 단지 과거에 벌어진 일에 불과할 뿐, 오늘은 모든 일이 처음부터 다시 시작되는 '새로운 날'임을 기억하라! 물론 같은 후회를 반복하지 않도록 주의해야 한다. 이와 같은 생각이 언제나 활력과 열정이 넘치는 당신을 만들어줄 것이며, 당신이 진정 원하는 꿈을 찾도록 도와줄 것이다.

이제 모든 준비가 끝났다. 남은 것은 당신의 선택이다.
당신의 이야기 속으로 들어갈 것인지, 여전히 시간이 없

해 뜨기 전이 가장 어둡다.

다는 핑계나 대면서 당신 자신을 합리화하며 현실에 만족할 것인지, 바로 당신의 선택에 달려 있다!

지금 당장 행동할 수 없는가? 그렇다면 당신은 지금 정말 절박하거나 죽을 만큼 간절하지 않은 것이다. 단지 간절한 척, 절박한 척만 하고 있을 뿐이다.

물론 꿈과 목표를 이루기 위해 도전하는 많은 이들이 그 과정에서 어려움을 겪다가 중도에 포기하는 모습을 종종 본다. 사실 나는 이 또한 실패라고는 생각하지 않는다. '최선의 노력을 기울인다면 뭐라도 얻을 수 있다'는 진리를 믿기 때문이다. 그렇기에 너무 큰 부담을 가지지는 말라.

자, 그러면 다시 묻겠다. 당신은 어떤 이야기를 들려줄 것인가?

III

목표를 달성하기 위한 최고의 전략

100퍼센트 성공의 법칙

100퍼센트 성공의 법칙

원하는 것이 무엇이든 이루어내는

100퍼센트 성공의 법칙이 무엇이냐고 묻는다면,

'간절함에서 나오는 강력한 결단'이라고 말하겠다.

이는 당신이 처한 환경마저 변화시킬 강력한 힘을 가지고 있다.

당신이 아는 범위에서 최선을 다하는 건 최선이 아니다.

보이지 않는 것을 믿어라! 그것이 진짜 믿음이다.

내 달란트를
찾아라!

'달란트(talent)'는 '각자가 타고난 자질/능력/잠재력/재능'
혹은 '하나님께서 주신 소명'을 가리키는 말이다. 철자에서
알 수 있듯이 '탤런트'라고 읽는 그것이다. TV에 출연하는
탤런트들이 '재능 있는 사람'인 걸 고려하면, 단어가 상당히
적절하게 쓰이는 셈이다.

『신약성경』의 「마태복음」 25장 14~30절의 내용이 바로 이
'달란트'가 무엇인지를 잘 보여준다. 하나님을 상징하는 주
인이 우리 개개인을 상징하는 머슴들에게 재능에 따라 각
각 다섯 달란트, 두 달란트, 한 달란트의 돈을 맡겼다. 그
런데 다섯 달란트와 두 달란트를 받은 머슴들은 그 돈으로
각자가 가진 달란트의 2배나 되는 수익을 올렸지만, 한 달
란트를 받은 머슴은 '그 돈을 잃을까 두려워' 땅에 파묻어

놓고만 있다가 주인에게서 벌을 받는다. 하나님께서 누구에게나 주신 놀라운 잠재력을 깨닫지 못하고, 작은 일도 시도하지 않은 게으름에 대한 벌을 받은 것이다. "무릇 있는 자는 받아서 더 풍족해지고, 없는 자는 그 있는 것까지 빼앗기리라"는 말씀대로 그 게으른 머슴은 가지고 있던 한 달란트마저 다섯 달란트를 받은 머슴에게 내어준 것이다.

지금부터 당신은 당신만의 달란트를 찾아내야 한다. 제2부까지 내가 당신에게 누누이 말했듯이, 당신도 당신만의 잠재력을 파악해야 한다. 이것이 내가 제시하는 첫 번째 전략이다.

제2부의 마지막 장에서 언급했던, 형님이 배려해주신 바로 그 4개월간 매일 같은 일상이 반복되었다. 그럼에도 현실은 전혀 나아지지 않았다. 아니, 달라진 게 딱 하나 있긴 했다. 바로 나 자신과 충분히 대화할 시간을 가졌다는 것이다. 당시에 나는 출근은 했지만 해야 할 일이 없었고, 그래서 아무도 없는 사무실에 홀로 앉아 있었다. 그 텅 빈 사무실에서 나는 골똘히 생각했다.

뭔가가 될 마음도 없었고 생각도 없었던 내성적인 소년, 체육대학 합격의 기쁨, 친구 따라 등록한 군장학생과 ROTC,

특전사 차출, 온 세상을 얻게 해주었던 공수교육, 천리행군을 통한 자아 성찰과 미래 설정, 지옥과도 같았던 특전사 시절과 최고의 전성기였던 707 시절, 그리고 지금 버리지 못한 헛된 것들로 인해 겪게 된 아내와 딸의 눈물까지….

나는 어쩌다 이런 길을 걸어왔을까?

나는 도대체 누구인가?

이런 원초적인 질문을 나 자신에게 하기 시작했다. 나를 되돌아보는 회고의 시간을 통한 끊임없는 질문만이 내가 가진 특별한 달란트를 찾을 수 있는 유일한 길이라 생각해서였다.

'내가 그동안 추구했던 가치는 뭐지? 아니, 나만의 가치가 있기는 했나? 가족, 행복, 돈, 명예? 그런 게 나의 가치였던가?'

이런 식으로 나 자신에게 본질에 대한 질문을 끝없이 던졌다. 그리고 내가 할 수 있는 것, 잘할 수 있는 것, 좋아하는 것, 나만의 특별했던 경험, 내가 가진 강점과 약점 등을 종이에 차분히 써 내려갔다. 남들에게서 특별히 칭찬을 받았던 일들을 떠올리니 생각했던 것 이상으로 글이 쉽게 써졌다. 사람을 관찰하는 능력, 운동 능력, 단순암기력 면에서는 '왕(王)'이었던 나, 뛰어난 사교력을 갖춘 나…. '아무것도 아닌 나'에게도 이렇게 수많은 잠재력이 있다는 사실에 새삼 놀라워했다.

나 자신에 대해 어느 정도 파악했다는 생각이 들었을 때쯤, 문득 '내게도 꿈이라는 게 있었던가?'라는 생각이 들었다. 궁금해졌다. 곰곰이 생각해 보니 축구선수, 선생님, 개그맨, 팬시회사 사장님, 회사원 등 어릴 적부터 매번 바뀌었던, 그저 허황된 꿈들뿐이었다. 이것들이 정말 내가 원했던 꿈인지, 아니면 단순한 목표 정도였는지조차 헷갈렸다. 그리고 결국 가슴 깊은 곳에서부터 끓어오르는, 정말 기대되고 설레는, 내 심장을 울리는 그런 꿈을 가져본 적조차 없었다는 결론에 도달했다. 그러자 지금까지 걸어온 내 삶이 더욱 허무해졌다.

지금부터라도 가슴 뛰는 꿈을, '이것이 내가 정말 원하던 일'이라고 말할 수 있는 꿈을 찾아야 했다. '이번이 마지막 기회!'라고 생각하니 오히려 더 차분하고 신중해졌다. 하지만 내가 행복을 누리면서 할 수 있는 일을 찾기란 무척 어려웠다. 오히려 '무엇을 해야 할지' 고심할수록 더 막막해졌다. 형님이 주신 4개월 중 나를 파악하는 데 1개월을 쓴 뒤, 나머지 3개월 내내 이러고만 있었던 것이다. 그러던 어느 날, 문득 첫 질문이 잘못되었다는 걸 깨달았다. '무엇을 해야 할까?'가 아니라, '나는 언제 가장 행복했던가?'를 물었어야 했다. 질문이 바뀌자 결국 그 해답을 찾았다.

그런데 그전에 '내가 가장 행복했던 시기? 그런 게 있기나 했나?' 같은 생각이 들었다. 계속된 불행 때문에 '행복'이란 단어조차 잊은 건 아닌가 덜컥 겁도 났다. 쉽게 떠오르지 않는 기억 때문에 잠시 당황했다. 시간이 얼마나 지났을까? 자리를 박차고 일어선 나는 매우 흥분했다. 그 누구도 부정할 수 없을, '내가 가장 행복했던 시절'을 떠올린 것이다.

707! 이름만으로도 다시 설레이는 그 이름! 남들과 같은 노력을 기울여도 남들과 달랐던 우수한 운동신경 덕분에 돋보였던 내 모습, 브리핑 때의 깔끔한 스피치로 받았던 찬사들, 목표가 주어졌을 때 끝까지 포기하지 않고 이루어내게 해주었던 인내와 열정, 성취감, 우수한 전술 능력, 그리고 이 모든 것을 모두에게서 인정받았던 일이 떠올랐다. 마지막으로 707 시절에는 직장에서도 가정에서도 늘 행복했던게 떠올랐다.

그렇다! 그때가 바로 절정의 시간이었던 것이다. 내가 이제껏 간절하게 찾아왔던 직업이었던 것이다. 가장 잘할 수 있고, 가장 좋아했던 것이다. 무엇이든 해낼 수 있었던 '행복한 순간'이었던 것이다. 707에서의 시간은 분명 나만이 가지고 있는 특별한 경험이었고, 내 달란트를 가장 잘 활용할 수 있었던 시절이었다. 그렇게 해답을 찾자 흥분한 가슴은 멈출 줄 모르고 쿵쾅거리며 뛰기 시작했다.

일단 707로 되돌아갈 방법을 알아보기 시작했다. 기왕이면 부사관으로 가는 것이 더 좋을 것 같았다. 장교는 주기적으로 자리를 옮겨야 했지만, 부사관은 여건이 허락되는 한 전역할 때까지 707에서만 근무할 수 있었기 때문이다.

그러나 설레었던 것도 잠시, 가슴이 무너져내렸다. 어렵게 찾은 희망이 순식간에 사라졌다. 나이 제한으로 지원 자체가 불가능했던 것이다. 전역 후 방황하면서 보낸 3년이 또 한 번 발목을 잡았다. 707에 근무 중인 팀원들에게 전화를 걸어 이에 대해 토로했다. 서로가 기대했던 만큼 실망감은 이루 말할 수 없었다. 그런데 갑자기 뜻밖의 소식을 전해 들었다.

"캡틴! 여기랑 하는 일은 똑같은데, 여건이 훨씬 좋은 곳이 있어요! 전역한 김OO 선배가 얼마 전에 합격해서 지금 교육을 받고 있는데, 한번 물어보십시오!"

다시 흥분이 고조되기 시작했다. 왠지 모르게 느낌이 좋았다. 한 치의 망설임도 없이 김OO 중사에게 전화를 걸었다. 하지만 교육 중이라 통화가 되지 않았다. 급한 마음에 문자를 보내고 연락이 오기만 기다렸다. 불과 10분이었지만, 이 시간조차 사람을 말려 죽이기에 충분하다는 걸 깨달았다. 잠시 뒤 기다림에 보답하듯, 암흑과도 같았던 내 삶에 한줄기 빛이 기적처럼 찾아왔다.

"경찰특공대!"

707이 주로 해외에서 발생하는 테러 사건을 담당하는 육군 최고의 대테러부대라면, 경찰특공대는 국내에서 발생하는 테러 사건을 모두 담당하는 특수부대다. 무엇보다 수행하는 업무와 훈련은 물론, 근무 환경까지 놀라울 정도로 707과 일치했다. 그러니 더이상 망설일 이유가 없었다. 나는 마치 해커가 된 것처럼 인터넷에서 경찰특공대를 파헤치기 시작했다. 사격시험과 실기시험, 필기시험, 적성검사, 면접 순으로 합격이 결정되는 채용 조건은 내가 가진 달란트를 마음껏 발휘할 수 있을 최고의 환경이라는 확신이 들었다.

사격은 주특기였으며, 실기시험은 운동의 잠재력으로 패스할 수 있다고 믿었다. 또한 일반 경찰시험과 동일한 5개

과목(형법, 형사소송법, 경찰학개론, 한국사, 영어)으로 이루어진 필기시험은 영어를 제외하고 모두 암기과목이기에 단순암기력을 충분히 발휘할 수 있으리라 믿었다.

모든 조건이 믿기 어려울 정도로 완벽했다. 왜 진작 이런 생각을 못했을까? 조급함의 폐해가 분명했다. 707 근무 시절에 경찰특공대와 함께 훈련한 경험이 있고, 그래서 이미 그 존재를 알고 있었던 나다. 그런데도 이를 생각조차 못했으니 참으로 우둔하지 않은가! '모든 건 가장 가까운 곳에서부터 시작된다'는 말이 떠올라 갑자기 오싹해지면서 소름이 돋았다.

경찰특공대 마크

텅 빈 사무실에서 나는 방금 좋은 꿈을 꾼 어린이처럼 기쁨을 주체하지 못한 채 이리저리 뛰어다니고 소리쳤다. 지금까지의 설움과 현재의 기쁨이 공존하는 이 마음을 그 무엇으로 표현할 수 있을까? 과거로의 긴 여행과 나 자신을 찾기 위한 끝없는 질문들을 통해서 최고의 무기인 경험을, 잠재력을, 재능을, 달란트를 찾아냈다. 그리고 이제는 이러한 것들을 이용해 나를 성장시킬 때였다.

그래, 과거는 그냥 과거일 뿐이다. 오늘 나는 꿈을 찾았고, 이제는 미래로 나아가야 한다. 과거를 통해서 나를 발견했다면, 이제는 나를 성장시켜야 한다.

여전히 텅 빈 사무실에서 나는 기쁨을 주체하지 못한 채 괴성을 지른다.

"좋아, 가보자! 가자! 나도 할 수 있다! 나도 갈 수 있다! 해낼 수 있다!"

내게 던진 끝없는 질문들을 통해서 내 달란트와 특별함을 발견하지 못했더라면, 내 꿈을 찾지 못했을 것이다. 아니, 무엇인가를 찾아냈을지라도 이런 생각을 품어버리지나 않았을까?

'과연 내가 할 수 있을까? 너무 무리는 아닐까?'

그렇게 지레 겁을 먹고 포기했을 나였다. 하지만 '준비가 된 자에게 기회가 온다'고 했던가! 나는 준비가 되어 있었고, 그 기회를 잡았다.

이렇듯 언제 어디에서 갑자기 당신에게도 기회가 찾아올지 모른다. 바로 그 기회를 잡기 위해 당신이 누구이며, 당신이 가진 특별한 달란트가 무엇인지 미리 파악하고 준비해야 한다. 당신의 이야기를 통해 당신만이 가지고 있는 경험을 떠올려보고, 거기서 당신이 가지고 있는 탁월한 능력을 찾아내라! 그 능력은 분명 당신이 무엇을 원하든 그 꿈을 이루어내는 과정에서 가장 큰 밑거름이 될 것이라 확신한다.

나는 이제 모든 준비를 마쳤다. 그리고 가슴 설레는 그 꿈을 향해서 멋진 도전을 시작했다.

최고의 전략 2

간절히 결단하라!
그리고
즉각 행동하라!

올바른 판단에 의한 결정부터 최악의 결정까지…, 나는 지금까지 수많은 결단을 내려왔다. 그리고 어떤 결심을 했든, 그 결심이 쌓이고 쌓이니 결단의 힘도 강해졌다. 그 덕분일까? 마침내 '간절히 원했던 꿈'이라는 놈을 찾았다. 길고 긴 방황 끝에 한줄기 빛처럼 내게 와준 꿈이었기에 결단코 잃고 싶지 않았다. 마음을 차분히 가라앉히고 다시 사무실 내 의자에 앉았다. 그리고 또 질문했다.

"지금 내가 가진 것 중에서 가장 강력한 무기는 무엇일까?"

한참을 생각한 후 얻은 답은 바로 '간절함'이었다.

당신은 죽을 만큼 뭔가를 간절히 원해본 적이 있는가?

눈물 그리고 또 눈물. 나는 아내와 딸이 겪는 고통과 시련을 마주하는 순간, 돈을 벌기 위한 직장을 구해야겠다는 마음이 죽을 만큼 간절했다. 그리고 이 절망의 순간에 간절함은 '그래, 끝까지 한번 가보자!'는 결심과 더불어 내게 강한 의지를 선물했다. 나에게 가장 소중한 존재인 아내와 딸을 위해 뭐든 해야겠다는 간절함이 내가 가진 결단의 힘을 더욱 크게 키워준 것이다. 그렇게 나는 역경과 현명하게 마주하기로 결단했다.

"사랑하는 아내와 딸의 눈에서 피눈물이 흐르지 않도록 반드시 이루어낸다! 이 지긋지긋한 저주의 사슬을 끊고서 반드시 해낸다! 나도 할 수 있다!"

'간절함이 없는 자는 성공을 논할 수 없다'고 했던가! 내 간절함이 강한 결단을 만들었고, 의지를 만들었으며, 추진력까지 제공해준 것이다.

이렇게 꿈을 찾은 나는 곧장 집으로 돌아왔다. 둘째까지 임신한 아내는 이미 '다 알고 있다'는 얼굴로 나를 맞이했다. 역시 아내의 무서운 직감은 한 번도 틀린 적이 없다. 혹시 결단에 찬 내 얼굴이 이미 모든 것을 말해주었던 건 아닌가 싶다. 아내는 어떤 이야기든 좋으니 말해보라고 했다.

막상 입을 떼려던 그 짧은 순간에 앞으로의 험난한 과정이 머릿속에 그려졌다. 경찰특공대 채용시험까지는 앞으로 6개월! 어마어마한 실기시험과 필기시험을 준비하기에도 사실 턱없이 부족한 시간이었다. 더군다나 실기시험 합격자의 2배수 안에 들어야 비로소 필기시험 응시 자격이 주어진다는 사실은 둘 중 어느 하나에만 집중할 수도, 어느 것도 소홀히 할 수도 없게 했다. 시간이 곧 사치품이 된 순간이었다. 게다가 경찰특공대는 소수 정예만을 양성하기 위해서 1년에 딱 한 번만 채용시험이 진행된다. 그렇기에 합격을 장담할 수 없었지만, 오래 준비할 수도 없었다.

이런 생각이 정리된 뒤 아내의 물음에 답변했다.

"정말 하고 싶은 게 생겼는데, 정말 마지막으로 기회를 한 번 주면 안 될까? 6개월만 주면 반드시 합격으로 보답할게! 마지막으로 나 한 번만 믿어줘!"

아내는 놀랍게도 그게 무엇이냐는 질문조차 하지 않았다. 그리고는 말했다.

"알았어. 한번 해봐! 근데 우리 돈이 하나도 없는데, 어쩌지?"

이런 심각한 상황에서도 웃으며 이야기할 수 있는 아내가 정말 대단하고 존경스럽다.

나는 무엇이 하고 싶은지, 앞으로 어떻게 준비해야 할지에 대해 아내와 오랫동안 이야기를 나누었다.

하지만 계획만으로는 어느 것 하나 이룰 수 없었다. 나는 가장 먼저 넘어야 할 현실과 직면했다. 열악한 환경이 발목을 잡은 것이다.

아내의 말대로 통장 잔고는 이미 바닥을 돌파해 마이너스에 다다른 지 오래였다. 그래서 시험을 준비하는 데 필요한 돈조차 마련할 수 없었다. 또한 곧 있을 아내의 출산은 마음을 더 복잡하게 만들었다. 그렇게 또다시 현실 때문에 주저앉고 타협해야 하는가 싶었다.

그때 아내가 쉽지 않은 제안을 했다. 도움 없이는 아무것도 할 수 없는 상황이었기에 장인어른과 장모님께 모든 사정을 이야기하고서 도움을 받자고 한 것이다.

'얼마나 실망하시고, 화가 나실까? 정말 내 얼굴조차 보기 싫으실 텐데…. 괜히 말하기로 한 건 아닌지, 나만 포기하면 이런 일도 없을 텐데….'

그 잠깐의 순간에 수만 가지 생각이 스쳐 지나갔다. 하지만 어쩔 수 없는 현실 때문에 도움을 간절히 바라고 있는 내 마음이 나를 더욱 초라하게 만들었다. 아내와 통화하신 장인어른과 장모님께서는 전화를 바꾸라고 하셨다. 두려웠지만 '올 것이 왔다'고 생각하고서 마음을 굳게 먹었다. 이제 더 이상 도망칠 곳도 없었다.

"박 서방, 그동안 고생이 얼마나 많았어? 얼마나 힘들었을까… 다 잘될 거니 이제 아무 걱정하지 말게! 기죽지 말고 더 힘내야 해!"

전혀 예상하지 못한 위로의 말씀이었다. 기대조차 하지 않은 이 따뜻한 한마디에 눈물이 펑펑 쏟아졌다. 감당하기 어려운 감동이 온몸을 감쌌다. 아무것도 아닌 내게 무엇을 기대하신 걸까? 하염없이 흐르는 눈물에 앞이 제대로 보이지 않았다. 울고만 있는 내가 이젠 정말 지겹다.

장인어른과 장모님께서는 모든 것을 정리하고서 당신들이 계시는 집으로 들어오라고 하셨고, 우리 때문에 큰 집으로 이사까지 감행하셨다. 그리고 마지막으로 정말 고마웠던 형님 네 회사까지 정리하면서 결단을 내린 지 하루만에 모든 준비를 마쳤다.

결단은 우리를 둘러싼 모든 상황을 한순간에 변화시킨다. 결단이 모든 환경을 변화시킬 만큼 대단한 힘을 가지고 있다는 증거다. 하지만 모두가 이 결단의 대단한 힘을 경험하는 것은 결코 아니다. 나 역시 지금까지 수많은 결단을 했지만, 결단만 해서는 아무것도 얻을 수 없었고, 아무 일도 일어나지 않았다. 나는 깨달았다.

"간절함에서 나오는 강한 결단만이 모든 상황을 변화시킬 수 있는 강력한 힘을 가지고 있다. 그리고 이 강한 결단은 바로 '행동'을 통해서만 실현될 수 있다!"

앞서 말했듯이 그리고 이 글처럼 결단의 힘은 많으면 많을수록 더 강해진다. 하지만 행동하지 않으면 전혀 쓸모가 없다. 끝까지 가보겠다는 결심? 아주 좋다. 하지만 무엇보다 중요한 것은 바로 '행동해야 한다'는 것이다. 결심 후 즉각 행동할 때 비로소 변화는 시작된다.

나도, 당신도, 그리고 많은 사람들이 변화하기 위해 책을 읽는다. 동기를 부여해주는 다양한 영상을 보면서 수없이 많은 결단을 하는 이들도 있다. 나 또한 누구보다 많이 그랬으니 말이다. 그러나 '그냥 그렇게 결단만 했을 뿐'이다.

바로 일어나 행동해야 한다. 복잡한 생각일랑 집어치우고, 결단했다면 내일부터가 아니라 바로 지금 행동해야 한다. 하기로 했으면 바로 행동하라는 말이다!

당신을 둘러싼 모든 환경을 모조리 변화시키기를 원하는가? 그렇다면 이제는 변화하기 위해 행동해야 한다. 전혀 어렵지 않은 시작 방법을 알려주겠다.

"지금 당장 당신이 할 수 있는 일부터 시작해보라!"

아침에 일어나 명상으로 하루를 시작하고 싶은가? 그럼 당장 시작해보라! 건강한 식단으로 건강을 지키고 싶은가? 그것도 당장 시작하라! 운동을 하고 싶다면, 지금 당장 운동을 시작하라! 앉았다 일어서기 단 한 번이라도 좋다. 중요한 것은 지금 당장 당신이 행동했다는 사실이다.

변화는 바로 당신이 행동할 때 일어난다. 그러니 간절함으로 강력한 결단을 만들고, 또한 행동함으로써 놀라운 변화를 경험하라!

최고의 전략 3

최고의 전략으로
목표를
이루어낸다.

특수 요원들의 임무는 언제나 가장 절박한 상황에 부여된다. 이는 경찰특공대 중앙현관에 위치한 다음과 같은 표어가 증명하고 있다.

'국가와 국민의 안전을 위한 최후의 보루'

이것이 '우리 경찰특공대 요원들이 항상 마지막'이라는 각오를 다지는 이유다. 그만큼 상당히 위험하고 절박한, '최후의 순간'에 투입되는 우리이기에 무엇보다 실패를 최소화시키면서 작전을 성공적으로 마무리할 수 있도록 최고의 전략을 세워야 한다.

그렇다! '최고의 전략을 세우는 것'이야말로 목표 달성 과정에서 가장 중요한 요소이자 방법이다.

경찰특공대에 들어가겠다는 꿈이 생겼지만, 내겐 준비할 수 있는 시간이 별로 없었다. 하지만 이번에는 서두르지 않았다. 또다시 성급함과 조바심으로 판단력을 잃고 싶지 않아서였다. 어렵게 얻은 기회인 만큼 어떻게든 붙잡고 싶었다.

모든 것을 정리한 뒤 낯선 평택으로 이사를 갔다. 내 최고의 전략은 여기서부터 시작되었다. 친구들을 비롯한 모든 관계로부터 해방되었기 때문이다. 그 덕분에 오직 목표에만 집중할 수 있는 환경을 만들어낼 수 있었다. 이렇듯 '하기로 했으면, 내가 버려야 할 것들을 과감히 포기할 줄도 알아야' 한다. 오직 목표만 생각해야 하니까 말이다.

공부를 하면서 쌓인 스트레스도 풀 겸 친구들도 가끔 만나면서 맥주 한잔 할 수도 있지 않느냐고? 이런 걸 다 하면서도 목표를 충분히 달성할 수 있다고 생각하는가? 아직 정신 못 차렸구먼! 그런 마음자세가 목표와 멀어지게 하는 가장 큰 원인이다. 하고 싶은 거 다 하고 살면서 나는 '지금 최선을 다하고' 있다? 역시나 합격을 못하는 장수생들에게는 다 그만한 이유가 있다. 입으로만 '간절하다'고 말하면서 실제로는 전혀 간절하지 않은 것이다. 정말 한심하다. 하고 싶은 거 다 포기하고 달려들어도 될까 말까다. 남들은 언제나 그 이상으로 해내고 있다.

그만큼 목표를 달성하기 위한 환경을 만드는 것은 매우 중요하다. 그렇기에 나는 이런 환경을 완벽하게 만들고 시작할 수 있다는 것에 감사했다.

최고의 전략을 세우는 과정은 엄청난 시간을 필요로 한다. 특히 가장 많은 시간이 소요되는 부분이 바로 정보 획득 과정과 분석 과정이다. 시간이 없다는 이유로 무턱대고 덤볐다가는 나중에 오히려 많은 시간을 더 낭비하게 된다.

이보다 어리석은 일은 없을 것이다. 분명 나는 최선을 다하고자 열심히 노력했음에도 결국 실패하고서 다시 시작해야 하는, 즉 빨리 시작하려다가 오히려 더 늦어지는 결과를 초래하는 것이기 때문이다. 그러므로 시작할 때에 상당히 초조할지라도 제대로 된 정보 획득 과정과 분석 과정을 거치는 것이 결국 당신을 웃게 만들 것이다.

이러한 이유로 난 내 무기였던 우선순위 원칙에 따라 합격을 위한 최고의 전략을 계획했다. 일단 시험 계획 공고문을 분석했다. 실기시험 45퍼센트, 필기시험 30퍼센트, 면접 25퍼센트의 비율로 합산한 성적의 고득점자 순으로 합격자가 결정된다. 우선 사격시험과 실기시험을 실시해 합격 인원의 2배를 선발하고, 합격된 이들에게만 필기시험 응시 자격이 주어진다는 것을 확인했다. 필기시험 과목은 일반 경찰시험의 것과 동일한 5개 과목인데, 이 5개 과목의 평균 점수가 60점을 미달하면 불합격된다. 이를 모두 종합 분석해보면, 사격시험과 실기시험을 통과하지 못하면 필기시험을 볼 기회도 없다는 뜻이다. 그러니 최우선 과제는 실기시험의 6개 종목, 그리고 사격시험이었다.

그다음에는 본격적인 분석 과정에 들어갔다. 실기시험은 어디서 어떻게 준비해야 하는지, 필요한 장비는 무엇인지, 합격률은 어떻게 되는지 분석했다. 또 족히 100가지도 넘는 질문지를 미리 작성한 뒤, 인터넷 검색은 물론, 내가 가진 모든 인맥을 동원해 다음과 같은 해답을 찾았다.

제자리멀리뛰기 280센티미터, 턱걸이 30개, 윗몸일으키기 1분에 65회, 사낭(모래주머니) 어깨에 메고 달리기(40킬로그램/100미터) 18초, 100미터 허들 왕복달리기 35초, 2킬로미터 달리기 7분.

이렇듯 실기시험 만점 기록은 결코 만만한 게 아니었다. 하지만 이미 '넘어갈 수 없는 강'을 건넜기에 두려움 따위는 존재하지 않았다. 무조건 자신감(!), 죽어도 자신감(!)뿐이었다.

보통 경찰특공대시험 준비생들은 실기시험 준비를 스터디 그룹을 만들어서 한다. 하지만 나는 왔다갔다 이동할 시간 등을 고려하면 비효율적이라 판단했다. 그래서 5개월간 혼자 운동하고, 시험 전 한 달 동안만 스터디 그룹에 참여해 기술적인 부분을 습득하기로 계획했다. 이는 내가 나 자신에게 조금이라도 더 집중할 수 있도록 시간을 아껴주었다. 미리 획득해둔 좋은 정보 덕분에 지혜로운 선택을 한 것이다.

문제는 필기시험이었다. '법'이라는 생소한 과목을 공부해야 했기에, 공부 전략을 짜는 과정에서 가장 많은 시간을 투자했다. 과목별 최고의 교수가 누구인지, 최고의 교재가 무엇인지를 파악하는 것이 가장 중요했다. '그 교수와 그 교재만 완벽하게 내 것으로 만든다면 반드시 합격할 수 있다!'는 신뢰가 필요했기 때문이다. 그래서 신뢰할 수 있는 교수와 교재를 만나기 위해 모든 교수의 강의들과 교재들을 분석했다. 심지어 책의 표지와 글씨체 등이 내가 좋아하는 스타일인가까지 파악했다. 또 고시생들의 성지인 노량진은 가지 않고 온라인 강의를 선택했다. 실기시험과 마찬가지로 짧은 기간 동안 준비해야 하니 시간을 가장 효율적으로 활용할 수 있는 방법을 선택한 것이다.

마지막에는 지금까지 살아온 경험을 밑거름 삼아 나의

문제점인 '집중력이 짧다'는 특성을 정확하게 파악한 뒤, 집중과 휴식을 위한 몰입의 법칙을 적용했다. 이런 방식이었다.

"단 10분일지라도 할 땐 확실히 하고, 집중력이 흐트러지거나 조금이라도 잠이 온다면 즉각 휴식한다!"

처음에는 5분도 앉아 있기 힘들었지만, 점차 10분, 15분, 30분으로 집중력을 높여갔다. 나중에는 최대 두 시간까지 집중할 수 있게 되었다. 하지만 그 이상은 역시 무리였다. '이렇게 짧은 집중력으로 합격할 수 있을까?' 하는 불안감과 두려움이 엄습했지만, 나는 나 자신을 더욱 신뢰하기로, 그리고 내 결정을 끝까지 믿기로 했다.

장인어른과 장모님께서도 운동할 수 있는 환경을 만들어주시려고 트랙이 구비된 운동장 근처로 이사하셨고, 헬스장과 독서실을 다닐 수 있도록 지원해주시는 등 모든 여건을 조성해주셨다. 또한 항상 "힘내야 하네, 박 서방!"이라고 말씀하시며, 매일 소고기가 차려진 식사를 비롯한 모든 재정적 지원도 아끼지 않으셨다. 물론 장인어른과 장모님께서 이런 생각을 가지고 있으셨을지도 모른다.

'자네를 믿고 어린 나이에 결혼하는 걸 허락해줬는데, 도대체 이게 뭐하는 짓인가!'

하지만 두 분은 이런 눈치를 주시기는커녕 오히려 따뜻한 배려를 아끼지 않으셨다. 그래서 내 간절함과 의지는 더욱 깊어졌다. 이런 나에게 아내도 이렇게 말해주었다.

"아무리 봐도 당신은 전생에 나라를 구한 거 같아."

나는 아내의 말에 절대적으로 공감했다.

목표를 이루기 위해서는 반드시 나만의 최고의 전략을 짜야 한다. 전략 없는 노력은 '밑 빠진 독에 물 붓기'처럼 시간만 낭비하는 헛짓거리다. 그리고 목표를 정했다면, 오직 그 목표만 생각해야 한다. 그런 다음에는 그 목표를 달성하기 위해 할 수 있는 모든 방법을 다 동원해야 한다. 어떻게 하면 이루어낼 수 있을지 강구하고 또 강구하면서 미치도록 파고들어야 한다. 이러한 끝없는 질문과 미친 듯한 열정이 당신이 짠 최고의 전략을 더욱 완벽하게 완성시켜줄 것이다. 물론 그 과정에서 분명 시행착오는 있기 마련이다. 하지만 당신이 포기하지 않는다면 그 전략은 당신이 정한 최종 목적지까지 당신을 안전하게 이끌어줄 것이라 확신한다.

원하는 목표를 이루고 싶은가? 주변 사람들에게 당신의 목표가 얼마나 대단한지를 지금 또 설명만 하고 있지는 않는가? 언제까지 말로만 그렇게 이야기할 것인가?

지금 당장 당신이 원하는 것이 무엇인지를 파악하라! 그리고 원하는 것을 파악했다면 지금 당장 당신만의 최고의 전략을 짜보라! 이런 방법이 도움이 될 것이다.

1 목표를 설정한다.

2 목표에 대한 데이터를 충분히 수집하고 축적한다. 이때 수단과 방법을 가리지 말고 정보를 획득한다.

3 어떻게 접근해야 할지 분석하고, 이를 세부적으로 계획한다. 이는 가장 중요한 단계이므로 시간이 아주 오래 걸리더라도 확신을 가지고서 구체적으로 분석한다.

4 현실에 맞는지 냉정하게 판단해보라! 그리고 즉각 실행하라! 노파심에서 한마디 첨언하자면, 너무 이상적인 계획은 그냥 계획일 뿐이다. 지금 당장 할 수 있는 현실적인 계획을 짜고서 바로 실행하라!

목표를 향해 접근 중인 특공대원

최고의 전략 4

지금 해야 할 일!
쏟아부어라!
그리고 미쳐라!

> 당신이 지금껏 살아오면서 '미쳤다!'는 말을 들어보지 못했다면,
>
> 당신은 단 한 번도 목숨을 걸고 도전을 해본 적이 없는 사람이다.
>
> 윌리엄 볼튼

나는 완전히 미쳤다. 실제로 날 만나는 사람들 모두가 나보고 '정말 미친 게 아닌가?'라고 말했다. 장인어른과 장모님도 심각하게 걱정하실 정도였다. 그러니 내가 얼마나 미쳤는지 짐작할 수 있을 것이다. 남들의 시선을 의식하던 이전의 나였더라면 이런 절박한 순간에도 좋은 이미지를 만들어내려고 아등바등했을 것이다. 하지만 이번에는 확실히

달랐다.

나는 어느 누가 어떻게 생각하더라도 전혀 신경쓰지 않았다. 오직 내 목표만 생각하는 진짜 미친놈이 되었다. 창피할 것도 없었고, 누가 알아주기를 바라지도 않았다. '최고의 전략이 이끄는 대로만 한다면 반드시 꿈을 이루어낼 수 있다!'는 강력한 믿음뿐이었다.

아침에 일어나자마자 핵심 암기사항들을 외우며 밥을 먹고, 2킬로미터 떨어진 독서실까지 전력 질주하며 기록을 측정했다. 실기시험에 합격하려면 이 거리를 7분 만에 달려가야 한다. 결과는 만족스럽지 않았지만, 전혀 두렵지가 않았다. 당시 가장 두려웠던 것은 오직 하나, '불합격'뿐이었다.

독서실 책상은 포스트잇으로 미친 듯이 도배되어 있었다. 요점 정리 내용 같은 걸 붙여놓은 게 아니다.

"정신 차려라! 할 수 있다! 해내야 한다! 포기하지 마라! 가족의 눈물! 인간답게 살아보자!"

모든 게 동기를 부여해줄 말들이었다. 이러한 각오와 간절함이 매일 나를 새롭게 만들었다.

지금부터는 '몰입의 법칙'을 따라야 한다! 10분간 공부하더라도 잡생각이 들거나 졸음이 오면 바로 화장실로 향했다. 그리고는 거울에 비친 내 눈을 미친 듯이 노려보며 선포했다.

"박광철, 정신 차려! 넌 할 수 있어! 할 수 있다! 할 수 있다! 할 수 있다!".

그래도 집중력의 한계가 왔다. 그러니 충분한 휴식을 취해야 한다. 충분한 휴식이 없다면, 절대 집중도 없다. 집중력은 한계를 가지고 있기 때문에 집중하기 어렵다면 과감히 일어나 휴식을 취해야 한다. 이때 휴식은 반드시 밖에서 신선한 공기를 마시며 해야 한다. 하루 종일 한 번도 일어나지 않고 공부만 한 사람이 불합격을 하는 이유는, 그저 내 마음 편하자고 딴생각이나 하며 의자에 앉아만 있었기 때문이다.

점심시간이다. 다시 무슨 큰일이라도 벌어진 것 마냥 미친 듯이 뛰어 집으로 돌아간다. 이번에도 '2킬로미터 7분'을 목표로 최선을 다해 달렸다. 그리고 샤워를 하면서 거울 속의 내게 또다시 선포한다.

"넌 할 수 있어! 해낼 수 있다! 해보자! 할 수 있다!"

진짜 미친놈 같다. 그리고는 또다시 핵심 암기사항들을 외우면서 밥을 먹는다. 한 시간 정도가 훌쩍 지나갔다. 다시 독서실까지 7분 만에 달려야 한다. 준비! 출발!

독서실에서의 몰입을 마친 나는 이제 체력적 한계를 극복하러 헬스장으로 간다. 이 당시 운동을 하면서 소소한 꿈도 생겼다. 언젠가는 여기 헬스장에 있는 다른 사람들처럼 여유로운 미소와 함께 보충제도 한 모금하고, 때론 시시한 이야기 등을 나누며 운동하는 것. 하지만 지금 내겐 그러한 모든 게 사치일 뿐이다. 나 자신을 호되게 혼낸 나는 도착하자마자 최고 속도로 러닝머신을 쿵쿵대며 뛴다. 주어진 두 시간 동안 나 자신과 끝없이 싸운다. 결코 타협은 없다. 헬스장 바닥에 큰 대(大) 자로 누운 채 숨을 헐떡거린다. 이미 말했지만 다른 사람의 시선 따윈 안중에도 없다. 사실 지금 이 순간 너무 힘들어서 남들 시선을 느끼고 자시고 할 겨를조차 없다.

두 시간의 근력운동이 끝나면 이제는 운동장 트랙을 달린다. 마땅한 장비를 구입하지 못해 직접 철물점에서 파이프를 구입하여 연결한 허들을 설치하고 40킬로그램짜리 사낭(모래주머니)을 어깨에 메고 미친 듯이 뛰고 또 뛴다. 그렇게 이상한 운동을 하는 운동장의 슈퍼스타가 되어 두 시간을 보내고 나면 이미 저녁시간이다. 집으로 돌아가는 길에 혼잣말을 중얼거린다.

"할 수 있다! 할 수 있다! 다리의 힘이 풀렸으니 계속 앉아서 공부만 할 수 있겠다! 할 수 있다!"

　이는 나만의 '성공의 주문'이다. 내 주변을 지나치는 모든 사람들이 이상하다는 듯이 쳐다보지만, 상관없다. 이미 말했듯이 난 미친놈이다.

　집에 도착하자마자 샤워를 하면서 거울 속의 나를 또다시 만난다. 그리고 그놈에게 다시 한 번 '성공의 주문'을 선포한다. 이후 핵심 암기사항들을 되뇌면서 식사를 마치고, 또다시 미친 듯이 달려 독서실에 도착한다. 운동은 운동이고, 측정은 측정이다. 너무 힘이 들지만 그래도 뿌듯하다. 조금씩 합격과 가까워지는 것 같아서다. 이제는 잠들기 전까지 공부만 하면 된다는 안도감 때문인지 잠이 쏟아진다. 미친 듯이 운동을 했으니 피곤하지 않으면 정상이 아니다. 곧바로 알람을 설정하고 15분간 꿀잠을 잔 다음, 다시 몰입한다. 이렇듯 나는 '효율적인 휴식이 최상의 컨디션을 보장한다'는 사실을 절대 잊지 않았다.

　자정이다. 최소 여섯 시간 이상의 수면을 보장하기 위해 짧지만 길었던 하루를 마감한다.

　이제 하루가 지났다. 조금 과장하자면 6개월 중 남은 5개월과 29일만 이와 같이 하면 나는 합격이다. 나는 이 미친 스케줄을 단 하루도 거르지 않고 소화했다. 정말 미치지 않고서야 한 치의 오차도 없이 반복되는 쳇바퀴 같은 일상을 산다는 것은 여간 힘든 일이 아니다. 그럼에도 버틸 수 있었던 이유가 무엇이었을까? 그건 바로 끝이 보였기 때문이다.

나는 '단 6개월'이라는 시한부 선고를 나 자신에게 부여했다. '목표를 언제까지 반드시 이루겠다!'는 식으로 명확한 기간을 설정하고 선포한 것이다. 아무것도 아닌 듯 보이는 이 사소한 행위가 당신의 목표 달성과 직결된다면 당신은 무슨 생각이 드는가? 강조하건데, 이는 꿈을 현실로 만들기 위해 반드시 기억해야 할 필수 요소다. 그렇다면 혹시 당신은 이런 식으로 다짐을 하고 있지는 않는가?

'이렇게만 하면 2년 정도 즈음에 분명 합격하겠지? 이 정도면 충분할 거야! 뭐, 언젠가는 되겠지!'

끝이 안 보이는 미지의 길을 헤쳐가면서 매 순간마다 최선을 다할 수 있다고? 웃기지 마라! 말도 안되는 거짓말일 뿐이다. 특전사 시절에는 '저기 보이는 능선만 도착하면 쉴 수 있다!'는 기대감이 눈앞에 펼쳐진 험난한 길을 이겨낼 힘을 주었다. 그에 비해 얼마 안 떨어진 고지가 나무에 가려져 보이지 않는 상황에서 바로 주저앉은 경우도 있었다. 이는 명확한 데드라인(dead-line)이 얼마나 중요한지를 명확하게 보여주는 사례들이다.

그러니 기간을 딱 잡아라! '이때까지만 하겠다!'고 결심하라! 그리고 데드라인을 정했다면, 지금 당신이 해야 할 일에 모든 것을 쏟아부어라! 목표를 달성하기 위한 일에 미쳐라! 목표 지점을 향해서 정말 단 하루도 더할 나위 없을 만큼 최선을 다하라! 어느 곳이든 가능하다면 모조리 써붙이고, 언제든지 가능하다면 선포하라! "해낼 것이다!"라고 말이다!

'내가 아는 범위에서 최선을 다하는 것'은 최선이 아니다. 그 이상을 벗어나서 최선을 다해야 한다. 이것이 정말로 최선을 다하는 것이다.

당신은 코피를 흘리며 쓰러져본 적이 있는가? 한쪽만 흘리는 게 아니라 쌍코피가 터질 정도로 해보겠다고 결심하라! 모든 힘과 열정을 당신의 목표만을 위해서 던져보라는 말이다! 미칠 자신조차 없다면 당신은 항상 말뿐인 겁쟁이일 뿐이다.

미쳐라! 미쳐야 당신이 산다!

밤낮 없이 훈련 중인 특수 요원들

최고의 전략 5

보이는 것들에
대한 두려움을 극복하고,
보이지 않는 진짜 믿음과 확신을 가져라!

우리는 늘 불안감과 두려움을 가지고 살아간다. 이는 인간에겐 매우 당연한 일이지만, 어떤 이들은 불안감과 두려움이 우리의 성공을 방해하는 주된 위험 요소라며, 버리거나 피해야 하는 대상이라고 말한다. 물론 어떻게 받아들이든 그 선택 또한 우리 각자의 몫일 테지만, 나는 불안감과 두려움이 무엇인지, 그리고 대체 어디에서 오는지에 대해 본질적인 질문을 했다. 그럼으로써 불안감과 두려움을 나를 성장시키는 또 하나의 강력한 무기로 만들었다. 어떻게 이런 일이 가능했을지 지금부터 살펴보도록 하자.

경찰특공대시험을 준비한지 6개월이 지나갔고, 어느새

채용 공고가 발표되었다. 이전 연도의 채용 규모가 역대 최대 규모인 50명대였기에 기대가 더욱 컸다. 헌데 이게 대체 무슨 일인가! 전국을 통틀어 단 14명, 더군다나 여자 세 명을 제외하면 고작 11명을 뽑는다니, 이게 말이나 되는가!

일이 한 번 꼬이면 계속 꼬인다는 머피의 법칙처럼, 내가 뭐라도 좀 해보려고 마음먹으니 또 이 모양이다. '경찰특공대 역사상 유례가 없는 최소 인원'이 말이나 되냔 말이다.

갑작스런 불안감과 두려움 때문에 책이 손에 잡히질 않는다. 나는 분명 책을 읽고 있는데, 책 내용이 도무지 기억이 나지 않는다. 앉은 지 5분도 채 지나지 않아 잡생각이 들기 시작한다.

"이렇게 열심히 공부한들 필기시험을 볼 수나 있을까? 일단 필기시험지라도 한 번 보려면 실기시험 합격자 수의 2배인 22명 안에는 들어야 하는데…. 지금 이게 중요한 게 아니잖아! 지금 운동을 해야 하나? 아니야, 그래도 책은 봐야지! 근데 책을 보는 게 의미가 있을까?"

불안감과 두려움으로 인해 내 머릿속 우선순위 시스템에 오류가 났다. 본격적인 시험을 시작하기도 전에 '22'라는 숫자가 계속 떠올라 불안감과 두려움을 증폭시키며, 이미 내 일상이 된 규칙적인 생활 방식을 와르르 무너뜨리기 시작한 것이다. 그동안 나로 하여금 미친 듯이 노력하게 했던 열정은 다 어디로 갔는가? 소중한 아내와 딸들에 대한 간절함은 갑자기 어디로 사라진 것인가? 이렇듯 불안감과 두려움의 무서운 힘은, 나의 그리고 당신의 생각과 환경을 순식간에 바꾸어버리기도 한다.

'실기시험에서조차 탈락할지도 모른다!'는 불안감과 두려움에 시달리며 하루하루를 억지스럽게 버티고 있던 어느 날의 새벽, 집으로 돌아와 방문을 열었는데 아내와 두 딸이 방바닥에 누워서 곤히 자고 있었다. 나를 믿어주는 아내, 낯선 곳에 와 울면서 적응하는 첫째, 이 세상에 나온 지 아직 두 달도 채 안되어 아무것도 모른 채 잠든 둘째까지…. 이 모습이 마치 한 장의 사진처럼 지금까지도 내 머릿속에 박혀 있다. 나 하나 때문에 고통을 받고 있는 세 여자의 모습, 갑자기 눈물이 터졌다. 혹시나 내 울음소리에 깰까봐 조용히 다시 밖으로 나왔다. 가슴이 아파 온몸에서 힘이 빠지면서 그 자리에 주저앉았다. 그리고 문득 이런 생각이 들었다.

"도대체 무엇이 그토록 나를 두렵고 불안하게 만든 것일까? 지금 이 순간보다 더 가슴 아픈 경우가 과연 있을까?

나를 이것보다 더 고통스럽게 한 게 과연 존재했던가? 내게 가장 소중한 사람들을 고통에 빠뜨리는 것보다 더 두려운 게 있는가?"

사실 두려울 것이 없었다. 이미 최악의 상황에 놓여 있었기에 무서울 것도 없었다. 그럼에도 불구하고 불안감과 두려움은 어김없이 나를 찾아와 마구 뒤흔들었다. 지금까지 잘해왔고, 또 충분히 잘하고 있음에도 불구하고 말이다. 대체 무엇이 두렵냐고 내게 다시 질문했다. 그리고 깨달았다.

"지켜야 할 게 많아지고, 소중한 게 많아질수록 불안감과 두려움이라는 놈들은 나를 더욱 가만두지 않을 것이다."

즉, 공부에 자신감이 생길수록, 실기시험 준비 수준이 합격선에 더 가까워질수록 불안감과 두려움이 더욱더 커진 것이다. 아무것도 없던 내게 무엇인가가 생기고, 새롭게 생긴 이것을 잃지 않으려는 마음이 새로운 불안감과 두려움을 가져온 것이다. 잘 외워서 머릿속에 저장해둔 지식들이 시험장에서 제대로 생각이 날 것인지, 또 실기시험에서 만점 수준을 이끌어낸 지금의 상태가 시험장에서도 아무 실수 없이 그대로 잘 발휘될 수 있을지 등 새로운 무언가를 얻어냄으로써 생겨난 새로운 불안감과 두려움 때문에 이렇듯 부정적인 감정이 치솟은 것이다. 이런 사실을 깨닫는 순간,

누군가로부터 뒤통수를 맞았을 때처럼 눈앞이 번쩍였다.

"그래, 까짓 거 11명이 아니라 단 한 명만 뽑더라도, 그 한 명이 바로 나다! 이왕 할 거면 수석으로 합격한다! 더이상 어떤 것도 두려워하지 않겠다! 한번 갈 데까지 가보자! 박광철, 넌 할 수 있다! 지금부터 다시 시작해보는 거야, 인마!"

오기가 생긴 것이다. 그래, 바로 이것이었다. 불안감과 두려움은 피하거나 버리는 게 아니라 오히려 극복하고 활용하는 것임을 깨달았다. 내가 처한 상황의 본질을 통해 겪게 된 불안감과 두려움이 나에게는 더 큰 자극제가 된 것이다. 이로써 나는 더 큰 자신감과 확신을 가졌다.

우리는 이렇듯 실제로는 아무것도 아닌 것들에 대해 올바른 판단을 하지 못하며 혼란스러워하는 경우가 있다. 그저 내 눈앞에 보이는 것이 전부인 양, 그 실체를 깨닫기도 전에 '도저히 감당할 수 없다!'고 미리 판단하고서 지레 겁을 먹는 것이다.

그러나 모든 것은 내가 어떻게 생각하느냐에 달렸다. 불안해하고 두려워하는 것도 내가 그렇게 하려고 마음을 먹었기 때문이다. 충분한 실력을 가지고 있음에도 실력 발휘를 전혀 못하는 이유도, 실패나 좌절로 인해 뼈저린 후회를 남기는 이유도 모두가 바로 당신이 그렇게 되도록 마음을 먹었기 때문인 것이다.

나 또한 더 큰 자신감과 확신을 가지기로 했고, 이로써 불안감과 두려움을 이겨냈다. 그리고 내 일상은 다시 정상이 되었다. 아니, 더 뜨겁게 타오르는 열정을 주체할 수 없을 정도로 자신감 넘치는 하루하루를 만끽하게 되었다.

실기시험을 치는 날이 왔다. 전국에서 모인 특수부대 출신 수험생들이 운동장을 빼곡히 채웠다. 할 수 있다는 자신감과 확신으로 무장해왔건만, 다른 수험생들의 화려한 장비와 복장, 어마어마한 근육을 보니 마음속에 묻어두었던 두려움이 금세 모습을 드러낸다. 하지만 이때의 나는 이전의 나와는 달랐다. 거울 속의 내게 외쳤던 수많은 각오와 다짐 때문이었을까? 오히려 적절한 불안감과 두려움이 나를 더 설레게까지 했다.

"그래! 한번 부딪혀보자! 과연 내가 어느 정도까지 성장했는지 확인해보자!"

긴장하고 위축되어 실력을 제대로 발휘하지도 못하고 돌아가 후회하는 것보다, '어떻게든 되겠지' 하는 마음으로 그냥 부딪혀보기로 한 것이다.

올바른 선택의 결과였을까? 엄청난 근육의 소유자들이 말라깽이인 내 뒤로 한참이나 떨어진 채 쫓아오고 있었다. 엄청난 장비를 착용한 내 파트너는 사낭(모래주머니)을 들지도 못했다. 이 웃겨도 웃기 어려운 현실에 놀라지 않을 수가 없었다. 역시나 보이는 게 전부가 아니라는 사실을 실감했다.

이제 마지막 관문인 2킬로미터 달리기가 남았다. 이것만 7분 안에 통과하면 실기시험에서 22명 안에 들게 된다. 즉 필기시험을 볼 수 있는 자격이 주어지는 것이다. 이렇듯 중요한 관문이기에 반드시 패스해야만 했다. 하지만 가장 절박한 순간에 역시나 문제가 발생했다. 앞서의 사낭(모래주머니) 측정 때문인지 다리에 쥐가 자꾸 올라와서 도저히 뛸 수 없었던 것이다.

"해내야 한다! 해내야 한다! 정신 차리자! 해야만 한다!"

밖에서 기도하며 기다리고 있을 아내와 두 딸을 생각하니 또 눈물이 난다. 그러니 여기서 포기할 수는 없다. 지금 당장 내가 어떻게 될지언정 이것만은 끝까지 해내야 한다! 가방에 있는 마커펜을 꺼내 아내와 두 딸의 이름을 손등에 크게 적었다. 이제 내게 남은 건 정신력뿐이었다.

드디어 출발! 그동안 최선을 다해 노력했던 순간들이 주마등처럼 스쳐간다. 여덟 바퀴, 아홉 바퀴, 이제 마지막 열 바퀴다. 이미 호흡은 폐를 뚫고 나올 기세였지만, 정체를 알 수 없는 초인적인 힘이 나를 이끌었다. 손등에 적힌 사랑하는 내 아내와 딸들…. 이들과 함께 나는 마지막 골인점에 도착했다.

터질 듯한 심장소리….

흙과 땀으로 뒤범벅이 된 채 숨을 헐떡이는 나….

감사하게도 도착하고 나서야 다리에 쥐가 났다. 하지만 이제 어찌 되든 상관없다. 22명 안에 뽑혔기 때문이다.

"이야, 해냈다!"

하늘을 향해 미친 듯이 소리쳤다. 나도 모르게 지른 외침에 또 한 번 미친 듯한 전율이 온몸에 전해졌다. 당장 이 소식을 전해주려고 실기시험이 종료되자마자 아내가 있는 곳으로 뛰어갔다.

아내가 눈물을 흘린다. 그 모습을 보니 내 눈에서도 여지없이 눈물이 터져 나오려 했다. 하지만 참아야 했다. 시험이 다 끝날 때까지는 끝난 게 아니기 때문이다. 그래서 터져 나오는 눈물을 참으며 난 애써 고개를 돌렸다.

"보이는 것을 믿기는 쉽다. 하지만 보이지 않는 것을 믿는 게 진짜 믿음이다!"

보이는 것은 누구나 믿을 수 있지만, 보이지 않는 것을 믿는다는 건 그만큼 어렵고 힘들기에 후자가 진정한 믿음이라는 뜻이다. 나는 보이지 않는 것을 믿었다. 보이는 것들에 현혹되기보다 그동안 준비했던 노력과 열정을 믿었으며, 간절함을 믿었고, 마지막으로 '반드시 해낼 수 있는 나 자신'을 믿었다.

나에 대한 확신은 오기가 되었고, 그 오기는 불안감과 두려움을 극복하게 해주었다.

당신은 아직 당신 자신에 대한 확신이 서지 않았는가? 불안감과 두려움이 아직 당신의 마음에 남아 있는가? 그렇다면 누구나 믿을 수 있는 '보이는 것들'을 버리고, 보이지 않는 당신 자신을 한번 믿어보라!

그리고 연습하라! 노력하라! 반복하라! 훈련하라! 본능적으로 움직이고 생각할 수 있을 때까지 최선의 노력을 다하라! 분명 이 과정들이 당신에게 '나도 해낼 수 있다!'는 확신을 심어줄 것이다.

실기시험 합격의 기쁨은 오랜만에 느껴본 성취감이었다. 아울러 내게 더 큰 믿음과 확신을 선물처럼 제공해주었다. 그리고 마침내 나는 필기시험 5개 과목 평균 93점이라는 놀라운 기록과 함께 경찰특공대 전술 요원으로 정말 수석 합격했다.

이전까지 단 한 번도 기뻐서 울어본 적이 없었다. 항상 슬프고, 억울하고, 화가 나서 눈물이 났지, 기뻐서 눈물이 난다는 건 거짓말인 줄 알았다. 하지만 이번엔 내가 틀렸다. 나는 지금 아내와 함께 울고 있다. 너무 기쁘고 행복해서 눈물이 난다. 옆에 있는 큰딸이 왜 우냐고 물으면서 함께 운다. 이 모든 순간이 너무 행복하다. 이런 행복이 대체 얼마만이던가? 그렇게 우리는 한동안 행복을 만끽했다.

불과 6개월 전만 하더라도 죽고 싶을 정도로 괴로워 울부짖던 나는, 지금 미칠 정도로 행복해서 울부짖고 있다. 모든 상황은 달라졌고, 이전 상황은 이제 추억이 되었다.

모두가 알고 있듯이 추억은 좋은 기억이다. 미치도록 힘들었던 시절이 추억이 되는 마술, 그건 바로 꿈을 이루어냈다는 기쁨이 부릴 수 있는 마술이다.

그러니 당신도 원하는 목표를 달성하고, 꿈을 이루어내라!

더 많은 '추억'을 만듦으로써 당신의 환경을 변화시켜라! 물론 쉽지 않을 것이다. 극심한 불안감과 두려움이 당신을 방해할 것이기 때문이다.

하지만 결코 포기하지 말라! 어두웠던 과거는 지나가기 마련이고, 따스한 햇살은 언제든 당신과 만날 준비가 되어 있다. '그건 꿈일 뿐이야!'라고 말해놓고서 건들지 않으면 그건 계속 꿈일 뿐이다. 하지만 그 꿈을 이루기 위해 즉각 실행한다면 그건 더이상 꿈이 아니라 바로 현실이 된다. 꼭 이 사실을 가슴에 새겨라!

꿈을 이루고 목표를 달성하기 위해서라면 그 어떤 것도 두려워하지 말라!

당신 안에 있는 불안감과 두려움은 오로지 당신의 의지와 선택으로 무력화될 수 있다.

그리고 기억하라! 목표가 중요하다. 하지만 무엇보다 더 중요한 건 해낼 수 있다는 확신이다.

기적을 경험해보라!
모든 것이 달라진다!

"삶은 언제나 또 다른 시작이다!"

역시나 꿈을 이루었다고 해서 인생이 끝나는 것은 아니다. 또 다른 현실이 나를 기다리고 있었으니까.

어차피 새로운 위기도 또다시 찾아올 것이고, 나는 이를 극복해나가며 또 다른 꿈을 꾸게 될 것이다. 이것이 인생이 아니겠는가!

그렇다! 삶은 언제나 새로운 시작과 함께한다. 그러니 어려움이 다시 찾아오더라도 결코 두려워할 필요가 없다. 당신도 기적을 경험했는가? 그럼 이제는 삶을 새롭게 시작해보자!

합격자 발표 후 '꼭 해보고 싶었던 일들'을 해보는 등 나름 의미 있는 시간을 보냈다. 헬스장에서 여유 있게 운동하기, 아무 파출소에나 들어가 합격했다고 외쳐보기, 가족들과 놀이동산 가기 등 평범한 일상에서부터 다소 또라이 같은 짓까지 바로 실행에 옮긴 것이다. 절실했던 그 순간에 창피할 것 하나 없어서 떠올려봤던 것들이지만, 막상 합격하고 나니 실행하기 어려운 것들도 있었다. 역시 인간이란 망각의 동물이자 간사한 동물임이 틀림없다.

천국과도 같았던 2주가 금세 지나가고, 이젠 현실과 마주해야 했다. 8개월간의 초급 경찰교육을 담당하는 기관인 중앙경찰학교에 입교하면서 당분간 아내와 딸들을 볼 수 없게 된 것이다. 또한 교육생 신분으로 매월 교육비 90만 원을 받기는 했지만, 한 가정을 이끄는 가장이 줄 수 있는 생활비로는 턱없이 부족했다. 하지만 다행히도 장인어른과 장모님이 옆에 계셨기에 조금은 안정되었다. 지금 생각해도 너무나 감사한 일이다. 이렇듯 새로운 현실과 예측 불가능한 미래가 나를 앞으로 떠밀었다. 시간은 절대 그 누구도 기다려주지 않는다. 그래서 절대로 과거에 집착하려고 해서는 안 되는 것이다.

기적을 이루고 난 뒤 가장 크게 달라진 점이 있다면, 바로 삶을 대하는 마음자세다.

"모든 일의 성패는 그 일을 하는 사람의 사고방식과 자세에 달려 있다"는 말이 떠오른다.

나는 '다시 일이 주어졌다'는 사실만으로도 감사했고, '다시 일할 수 있다'는 것 자체 때문에 행복했다. 경찰특공대 합격자들 중 나이가 가장 많았지만, 나는 어린 동기들과 함께 생활할 수 있다는 사실만으로도 즐거웠다. 이런 긍정적인 생각과 마음이 내 삶에 분명한 변화를 일으킨 것이다.

잘생기지 않은 얼굴이지만 환한 미소를 만들었으며, 일상에서는 적극적인 열정이 되살아났다. '교육장(教育長)'이라는 중책도 맡았기에 동기들 앞에서 솔선수범했다. 이런 모습은 이전에는 찾을 수 없었던 새로운 모습이었다.

특히 더 놀라웠던 점은 내가 했던 이전의 모든 경험이 현재에서 놀랍게 발휘되기 시작했다는 것이다. 예를 들면, 겸손하지 못했던 과거를 반성함으로써 교수님 그리고 동기들과 진하게 소통할 수 있게 되었으며, 정작장교 시절에 익힌 보고서 작성 능력은 초급 경찰이라는 사실을 믿지 못하게 할 정도로 멋진 기획안들을 완성시키게 하였다. 또한 707 시절의 사격 실력은 역시 살아 있었으며, 단순암기의 달란트는 모든 필기시험에서 압승하게 해주는 기적을 보여주었다. 이처럼 이 당시의 나는 한마디로 놀라움 그 자체였다. 경험으로부터 얻은 최고의 무기들이 경찰학교에서 배우는 이론, 실습, 사격, 과제, 운전, 의전 등 모든 과정에서 충분히, 아니 그 이상의 능력을 발휘하게 한 것이다.

사실 경찰특공대원이 되는 시험은 일반 경찰관이 되는 시험에 비해 실기시험의 난이도가 높아서 필기시험의 난이도는 낮은 편이다. 그렇다고 해서 공부해야 하는 범위가 달라지는 건 아니다. 말 그대로 '공부를 하면서 운동도 해야 하는', 그야말로 어느 하나에서도 물러설 수 없는 어려운 도전이다. 그럼에도 우리 경찰특공대원들은 '운동만 잘하는 바보'로 인식되는 일이 비일비재했다. 중앙경찰학교 내에서도 알게 모르게 무시당하는 듯했다. 그리고 이는 변화된 삶을 시작한 내게 새로운 도전 과제가 되었다. 그러니까 이런 인식을 변화시키자는 목표를 설정하게 된 것이다.

다른 이유? 그런 건 없었다. 누군가를 변화시키는 일은 내가 할 수 있는 일이 아니니까. 단지 내가 '경찰특공대원이 될 자격이 있음'을 증명하고 싶었을 뿐이다. 그래서 이전처럼 최고의 전략을 세우고, 내가 할 수 있는 것 이상을 달성하기 위해서 최선의 노력을 기울였다.

그리고 8개월이 지났다. 모든 과정을 마치고 졸업식을 하던 날, 강당의 가장 첫 번째 자리에 위치한 나는 아내와 두 딸이 보는 앞에서 수석으로 졸업하는 영예를 안았다. 일반 경찰 과정과 특공대 과정을 통틀어 약 500여 명의 졸업생 가운데 1등으로 뽑힌 것이다. 남편으로서, 아빠로서, 가장으로서 처음으로 당당하게 인정 받는 자리였다. 물론 경찰 특공대에 대한 인식을 바꾸는 계기가 된 것도 사실이다.

이렇듯 내 모든 것이 원하는 대로, 말하는 대로, 생각하는 대로, 행동하는 대로 이루어졌다. 이것은 분명 경찰특공대 시험 합격이라는 기적을 경험한 뒤에 이루어진, 모든 것이 달라진 뒤의 새로운 삶이었다. 아울러 삶을 대하는 마음자세를 변화시킴으로써 얻은 놀라운 결과였다.

졸업 후 1년간의 지구대 실습을 마치고 서른네 살이라는 늦은 나이로 드디어 꿈의 무대인 경찰특공대에 입성했다. 정문에서부터 풍겨오는 강렬한 포스에 완전히 압도당한 나는, '초심으로 돌아가야겠다!'는 결단을 더욱 강하게 했다. 워낙 위험한 임무를 수행하는 일이고, 엄청난 체력과 전술 능력 등을 요구하는 일이기 때문에, 그래서 아내와 선배들은 물론 내 주변의 모든 사람들이 늦은 나이에 입성한 나를 매우 걱정스러운 시선으로 바라보고 있었기 때문이다.

그러나 오직 나만, 오직 나만이 그렇게 생각하지 않았다. 그리고 그런 사실을 인정하고 싶지도 않았다.

'어려움이 없다'고 한다면 그건 아마 거짓말일 것이다. 경찰 특공대는 무엇보다 생명을 다루는 직업이다. 그래서 '제2의 군대'라고 불릴 정도로 엄격한 규율과 질서가 존재한다. 그런 곳이다 보니 군대에서 이미 경험했듯이 나를 가장 먼저 반갑게 맞이해준 것은 소총이 아니라 빗자루였다.

'능력보다는 인성을 갖춘 사람이 먼저 되어야 한다!'는 걸 이미 처절하게 느낀 나였기에 누구보다 즐거운 마음으로 근무하며 진심으로 행복하게 지냈다. 하지만 '늦은 신임'이라는 위치가 임무 수행 과정에서 선배들에게 부담을 준 건 사실이었다. 아무도 '늙다리'의 능력을 기대하지 않았기에 새로운 조직 편성 과정에서부터 '나이 적은 동기들'보다 우선순위면에서 밀릴 거라는 느낌은 적중했다. 나는 역시나 20대 중·후반인 선배들의 부담스러운 시선을 온몸으로 느껴야 했다. 내 꿈은 또 새로운 현실과 마주한 것이다.

하지만 '어려움이란 내가 그것을 어떻게 느끼고 받아들이느냐에 달려 있다!'는 사실을 나는 이미 알고 있었다. 사실 내가 그 선배들과 같은 입장이었어도 당연히 부담스러웠으리라. 그리고 나는 이러한 것들을 어렵다고 말하기도 부끄러울 정도로 이미 새로운 사람으로 변화되어 있었다. 그래서 얼마나 감사했는지 모른다. '함께 근무한다'는 사실만으로도 개인적인 영광이었고, 나이와 상관없이 모든 것을 따라하면서 배우고 싶은 멋진 선배들이었을 뿐이다.

"누군가가 해야 할 일이라면 내가 먼저! 언젠가 해야 할 일이라면 지금 당장! 어차피 해야 할 일이라면 바로 내가!"

나는 이런 구호를 외치면서 최선을 다하기로 결단했고, 모든 것을 즐기기 시작했다. 모든 것을 하나도 빠짐없이 흡수하고자 질문하고, 배우고, 또 배웠다.

모든 사람이 '늦다리'라면서 걱정했던 체력적 열세를 보강하기 위한 전략도 세웠다. 점심시간은 물론이고 심지어 야간근무 중에도 할 수 있는 모든 역량을 쏟으며 트레이닝을 했다. 이때 남들보다 조금 빨리 하루를 시작하기 위해서 새벽운동도 감행했는데, 이는 지금까지 한 번도 빼먹지 않고 하는 좋은 습관이 되었다. 그리고 내가 결코 '늦다리'가 아님을 증명할 좋은 기회가 왔다.

전입한 지 두 달도 안 되어 서울경찰특공대 전술 능력 평가가 실시되었다. 5개 전술사격 종목 그리고 채용시험과 동일한 6개 체력 종목, 8킬로미터 달리기, 팀 장애물 측정 등을 종합해서 최고의 전술 요원을 선발하는 평가다. '나이는 단지 숫자에 불과할 뿐'임을 증명해보일 기회였기에 목표에 모든 관심과 주의력을 집중시키고 다시 한 번 최고의 전략을 세우면서 마음을 새로 다졌다.

모든 생각과 마음을 '난 해낼 수 있다!'는 강한 확신으로 채우면서 한 과목, 한 과목 정성을 다했다. 그리고 그 순간 '불가능은 없다'는 사실이 실제로 증명되었다. 전입한 지 두 달도 안 된 늙다리 순경인 내가 경찰특공대 개인 종합 1위를 한 것이다. 그동안 노력했던 모든 과정이 결과로 입증되는 순간이었다. 물론 그 이후 나를 보는 시선이 확실히 달라졌고, 또 다른 새로운 일상이 시작되었다.

지금 이 순간 당신에게 강조하고 싶은 것은, 당신의 꿈을 이루는 기적을 경험하게 되면 당신의 모든 것이 달라져 있을 거라는 사실이다. 그러므로 당신의 꿈을 이루고 싶다면 삶을 대하는 자세를 변화시키는 것이 그 무엇보다도 중요하다. 삶을 대하는 자세가 변하면 사고방식도 변하고, 사고방식이 변하면 평소의 행동도 변한다. 그리고 이는 당신의 일상을 변화시킬 것이고, 이로써 당신의 꿈은 현실이 된다! 그래서 무언가 변화하기를 원한다면 '나도 할 수 있다!'는 긍정적인 마음의 자세가 가장 중요하다는 것이다.

아직도 믿지 못하겠는가? "원래 잘하는 놈이 아니냐! 원래 똑똑했고, 원래 잘 풀리는 놈이 아니냐! 운이 좋았던 거아니냐!"고 하겠는가? 만약 누구나 자신이 원하는 대로, 마음먹은 대로, 노력한 만큼 모든 것이 이루어졌다면 어느 누가 이루지 못할 게 있을까? 지금 명확히 답변할 수 없다면, 내가 확신을 통해서 이룬 기적의 순간들을 보라!

내가 경찰특공대 개인 종합 1위를 한 뒤 나는 '그냥 잘하는 놈'이 되었다. '처음이 가장 중요하다'고 하더니만, 아마도 이런 상황을 두고 하는 말인 듯싶다. 사람이란 고정관념이 있어서 이렇게 한 번 인식을 해버리면 그 뒤에도 그 사람에 대해 동일한 생각을 하기 마련이다. 그래서 처음에 잘한 놈이 그 뒤 어쩌다 잘못하면 "저 인간도 사람이구나. 실수도 하네!" 그렇지만, 처음부터 못난 꼴을 보인 놈이 그 뒤 잘하게 되면 "운이 좋았구먼!" 하는 것이다. 그리고 나는 아래와 같이 그들의 '기대'에 부응했다.

2014년 서울 경찰특공대 전술 능력 평가 개인 종합 1위

2014년 전국 경찰특공대 전술 능력 평가 대회 단체전 대표선수로 선발
/ 단체전 종합 2위

2015년 전국 경찰특공대 전술 능력 평가 대회 단체전 대표선수로 선발
／ 단체전 종합 3위

2015년 전국 일반 승진시험 합격(경장 승진)

2016년 전국 경찰특공대 전술 능력 평가 대회 개인전 대표선수로 선발
／ 개인전 종합 2위(특별 승급 1호봉)

2017년 전국 일반 승진시험 합격(경사 승진)

2017년 서울 경찰특공대 전술 능력 평가 대회 개인전 감독 선발

2018년 서울 경찰특공대 전술 능력 평가 개인 종합 1위

2018년 전국 경찰특공대 전술 능력 평가 대회 단체전 대표선수로 선발
／ 단체전 종합 3위

2018년 로스앤젤레스 SWAT(특수기동대) 해외 교육 선발 및 수료
(야간 전술사격 및 CQB[근접전투] 지도자 과정)

2019년 전국 경찰특공대 전술 능력 평가 대회 단체전 대표선수로 선발
／ 단체전 종합 2위

2020년 전국 일반 승진시험 합격(경위 승진) / 경찰특공대 전술팀장

2020년 하반기 베스트 경비경찰 선정

2020년 각 특수부대(707 대테러특수임무단, UDT[해군 특수전 전단],
해양경찰특공대, 경찰특공대) 대테러 연합 훈련 유공자로 뽑혀
행정안전부 장관 표창 수상

2021년 서울 경찰특공대 하반기 전술 능력 평가 개인 종합 3위

이제는 신뢰할 수 있겠는가? 단지 내 자랑을 하려는 것이
아니다.

그리고 그저 운이 좋아서도, 열심히 노력만 해서 얻은 것도 아니다. 그러니 나에게 속는 셈 치고 도전하여 당신의 꿈을 이루어보라! 일단 작은 목표부터 먼저 성공시켜보라!

성공의 반대말은 실패가 아니라 '도전하지 않는 것'이라고 하지 않는가. 그런데도 여전히 도전하지 않고 있는 것이 지금 당신의 모습이 아닌가? 세상을 돌아보라! 세상에는 도전을 멈추지 않는, 존경해야 할 사람들이 너무나 많다. 시각장애인의 몸으로 극한의 상황에 도전하여, 한계를 극복하고 그 목표를 이루어내는 분들을 볼 때마다 '나는 저분들에 비하면 정말 아주 작은 존재'라는 사실을 깨달으면서 강한 부끄러움이 들어 차마 고개를 들 수가 없다. 그분들의 의지는 도대체 어디서 나오는 걸까? 너무나 행복해 보이는 미소를 잃지 않으면서도 한계를 극복하며 끝까지 도전하는 그분들을 진심으로 존경하지 않을 수가 없다.

그러니 당신도 도전해야 한다. 도전하지 않으면 당신의 인생은 결코 바뀌지 않을 것이다.

나는 이 책을 읽으신 모든 분들이 자신의 꿈을 이루시기를 간절히 소망한다. 그 꿈이 무엇이든 그것을 이루는 과정이 당신을 변화시킬 것이며, 당신의 변화된 삶이 이루어낸

'기적'이 또 다른 이들에게 전해지기를 간절히 소망한다.

어릴 적 놀이동산에서 바이킹 한 번 제대로 못 타던 대한민국 최고의 약골이 하늘을 날아다니고, 바다를 누비며, 산을 정복해가면서 지금 현재 대한민국 국민들의 생명과 안전을 지키는 최정예 특수 요원이 된 것을 보라!

기회는 도전하는 사람만이 얻을 수 있다고? 맞는 말이다. 하지만 '기회'라는 놈이 언제 어떻게 올지는 아무도 모르기 때문에, '미리 알고 이런저런 걸 준비하면 되겠다!'라는 명확한 답이 보이지 않을 것이다. 그러나 한 가지 확실한 건 도움이 될 게 아무것도 없는 것 같은 지금 이 순간이 바로 기회라는 것이다. 지금 하는 일이 당신과 맞지 않다고 불평하고 있는 현재의 상황이 또 다른 기회이며, 지금 어떤 것도 해내지 못하는 무기력한 자신을 보면서 짜증과 불만으로 가득 차 있는 현재의 시간이 당신에게 기회가 된다.

그렇다! 지금 당신에게 주어진 것들을 가지고, 지금 당신이 살아가는 현재에서 최선을 다해 살아라! 지금 당신이 할 수 있는 일을 해낸다면 당신에게 생각지도 못한 기회가 올 것이다. 그리고 그것이 미래를 준비하는 데 필요한 새로운 시작점이 될 것이다.

일단 당신만의 특별한 경험들을 적어보라! 물론 보이는 게 전부가 아니다. 누구든 일단 시작하면 다 해낼 수 있다는 사실을 기억하라!

특전사로 배치되었다는 발표를 들은 순간 모든 것을 내려놓고 막 살기로 했지만, 오히려 대범한 용기를 바탕으로 특전사에서 인정도 받았으며, 무엇보다 지금 여기까지 왔다. 이 세상에 뭔가를 간절히 꿈꾸는 사람은 너무나도 많지만, 모두가 꿈을 이루는 것은 아니다. 그 꿈을 이루는 사람은 오직 당신이라는 사실을 잊지 말라!

망설일 필요 없다. 선택하라! 그 선택 또한 당신의 것이다. 그리고 언제나 나는 당신을 응원한다. 내가 해냈으니 당신도 해낼 수 있다.

꿈을 이루고 난 뒤 찍은 첫 사진

IV

한계를 대하는
우리의 자세

Clear Rule(특수훈)

Clear Rule(특수혼)

특수부대 요원만이 가지고 있는

가치이자 신념인 특수혼이 당신의

일상을 바꾸고

삶을 바꾸며

인생을 바꾼다.

임무를 100퍼센트 완수하게 해주는.

목표를 반드시 이루어내게 하는 힘인

특수혼의 비밀이 지금 공개된다.

행동으로 논리를 대변하고, 결과로 과정을 입증하라!

올림픽 경기를 볼 때마다 진한 감동을 느끼며 눈물을 흘린다. 메달을 따는 마지막 순간, 선수들은 벅차오르는 감정을 주체하지 못하고 울부짖으며 경기장을 미친 듯이 뛰어다닌다. 메달을 따기 위해 그동안 얼마나 힘들게 훈련했었는지! 아무도 알아주지 않는, 또 보이지 않는 꿈을 향해 얼마나 피땀 흘리며 달려왔는지! 그 과정을 선수는 물론 우리 또한 너무나 잘 알기 때문에 모두가 함께 눈물을 흘리는 것이다.

한편 메달을 따지 못한 선수는 아무도 알아주지도, 쳐다봐주지도 않는다. 그리고 곧 우리의 기억에서 완전히 사라져버린다. '1등만 알아주는 빌어먹을 세상!'이라고 흔히들

이야기하지만, 바로 그런 세상이 지금 당신과 내가 사는 현실이다. 갑자기 무섭지 않은가?

그렇다면 은메달과 동메달을 딴 선수들은, 혹은 메달을 따지 못한 선수들은 과연 금메달을 딴 선수들에 비해 노력을 덜 한 사람들일까? 아마도 그럴 리는 없다. 그들 역시 선수촌에서 다 함께 훈련했으니, 모두가 똑같이 최선을 다했을 것이다. 아니, 어쩌면 금메달을 딴 선수보다 훨씬 더 많은 노력을 기울였을지도 모른다. 하지만 노력만으로는 최선의 결과를 이끌어낼 수 없다는 걸 이미 우리는 잘 알고 있다. 기실 금메달을 딸 수 있었던 것만 보더라도 대진표, 컨디션, 환경 같은 조건과 행운이 함께 작용한 덕분이라는 걸 우리는 경험을 통해 잘 알고 있다. 그런데 우리의 시선이 지금도 금메달로만 향해 있진 않은가?

사실 금메달을 따든, 은메달이나 동메달을 따든, 혹은 메달을 하나도 못 따든, 결과에 상관없이 우리는 노력하는 '과정'을 통해서 성장한다. 그러니 어떤 경험을 하든 당신이 중도에 포기하지만 않는다면 무엇이라도 얻을 수 있다는 것을 기억하자. 당신에게 주어졌던 매 순간마다 당신이 최선을 다하는 과정에서 얻은 경험은 당신의 무기가 된다. 그리고

행동으로 논리를 대변하고, 결과로 과정을 입증하라!

당신은 그 무기를 이용하여 다시 도전할 것이고, 결국 더 큰 목표를 이루어 낼 것이다. 그만큼 이 '과정'이라는 놈은 우리 개인을 성장시키고 목표를 달성하게 하는 중요한 무기인 것이 틀림없다.

그렇다! 우리가 지금까지 수없이 듣고 배워온 것처럼 과정은 중요하다. 물론 과정의 끝에서 좋은 결과를 얻으면 더없이 좋겠지만, 결과가 좋지 않더라도 뭐 그리 나쁜 건 아니다. 과정이 좋았고, 그걸로 무엇인가를 얻었기 때문이다. 이런 긍정적인 생각에 힘입어 또 다른 과정을 실행하고, 또 무엇인가를 얻어낸다. 이번 역시 결과가 좋지는 않더라도 경험을 통해서 당신은 또 성장할 것이다. 그리고 또 결과는 좋지 않지만 무엇인가를 얻고, 또 조금 성장하고, 그리고 또 무엇인가를 얻고, 또… 또… 또….

그런데 언제부터인가 이런 긍정적인 태도가 자기합리화로 변질되는 경우가 나타났다. 그러니까 자신에게 이런 식으로 말하는 경우가 그것이다.

"아쉽지만 이 정도면 잘한 거다. 좋은 경험을 했고, 이 경험이 분명 나중에 큰 도움이 될 거다! 돈 주고도 못할 인생 공부했다 치자!"

이런 긍정적인 생각, 아주 좋다! 분명 포기하지 않았기 때문에 좋은 경험이 될 것이고, 그 경험 덕분에 언젠가는 목표를 이룰 테니 말이다. 다만 대체 그 목표를 언제 이루어 낼 것인가?

일단 당신이 계속 무엇인가를 얻어온 건 사실이고, 그 덕분에 성장도 했다. 그런데 솔직히 조금 직설적으로 말하자면 당신은 말 그대로 '성장만' 했을 뿐이다. 그렇게 성장한 당신은 지금 목표를 이루었는가? 꿈을 이루었는가? 분명 당신은 성장했지만, 당신이 이룬 건 아무것도 없다. 변한 게 조금도 없으며, 지금도 반복되는 현실의 늪에서 여전히 발버둥이나 치고 있을 뿐이다. 그래, 그 목표를 이루기 위해 언제까지 경험만 쌓을 것인가?

이에 비해 특수 요원들의 사고방식은 확실히 무언가 다르다. 이들에게 과정이란 결과를 얻기 위한 수단과 방법일 뿐이다. 이들에게는 언제나 결과가 중요하고, 또 무엇보다 우선시된다. 물론 작전의 실패가 대한민국 국민들의 그리고 자신들의 생명과 직결되기 때문이기도 하지만, 그 전에 이들은 '결과가 모든 과정을 입증한다!'고 믿는 사람들이기 때문이다.

특수 요원들은 자신들이 지금까지 어떤 노력을 해왔는지

행동으로 논리를 대변하고, 결과로 과정을 입증하라!

구차하게 말하지 않는다. 어차피 이 세상에 모든 사람이 전부 간절하고 절박하며, 또 목표를 달성하기 위해 당연히 최선을 다하고 있다고 생각하기 때문이다. 그렇다고 특수 요원들은 아무런 노력도 하지 않을까? 천만의 말씀이다. 그 누구보다도 최선을 다하고, 매 순간마다 고통을 이겨내며, 자신들이 가진 열정 전부를 쏟아내고 있다.

특수 요원들은 단 한 번의 작전을 위해 수많은 훈련을 매일 반복한다. 매일 새벽 7킬로미터 구보를 시작으로, 아침·저녁 틈이 날 때마다 역기와 아령을 손에 든다. 하루에도 수십 번씩 건물 옥상에서 뛰어내려 창문을 깨고 들어가며, 정확한 사격으로 테러범들을 소탕하고 인질을 안전하게 구출하는 훈련을 반복한다. 창문의 유리 파편이 허벅지에 박히는 고통을 느끼지만, 자신이 저지른 실수 때문에 작전이 실패하지 않도록 목표를 달성하는 순간까지 절대 긴장을 늦추지 않는다.

누군가가 자신들의 노력을 인정해주거나 알아봐주기를 바라서도 아니다. 이들 각자가 자부심과 열정을 갖고 있기 때문이며, 무엇보다 자신들이 왜 존재해야 하는지를 알기 때문이다. 그래서 이들은 이 모든 과정을 스스로에게 결과로 입증하고 있다. 결과를 이루어냈을 때 이들이 느끼는 희열과 성취감이 "우린 뭐든지 해낼 수 있다!"는 더 큰 자부심과 열정을 만들어냄으로써 이들을 더욱 두려움이 없는 존재로 성장시키는 것이다. 경찰특공대 정문에 있는, "내 생명, 조국을 위해!"라고 새겨진 비석은 이들이 평소에 어떤 마음을 가지고 목표를 위해 헌신하는지를 여실히 보여준다.

"내 생명, 조국을 위해!"

행동으로 논리를 대변하고, 결과로 과정을 입증하라!

결과를 반드시 이끌어내야 하는 이유가 또 하나 있다.

나는 죽고 싶을 정도의 간절함으로 한줄기 빛을 만났고, 갖은 노력을 기울여 그 빛을 향해 달렸다. 수많은 경험들이 이런 나의 무기가 되었고, 그 무기들을 활용해 놀라운 성장을 이루어냈다. 그런데 내가 만약 꿈(결과)을 이루지 못했다면, 당신은 내가 꿈을 이루기 위해 얼마나 열심히 노력했는지를, 내가 꿈을 이루기 위해 노력했던 과정을 들어주기나 했을까? 분명 '아니오!'라고 대답할 게 뻔하다. 내 말 좀 들어달라고 애원하듯 매달리더라도 아마 당신은 쳐다보지도 않았을 것이며, 결국 내 말을 들어줄 이는 아무도 없었을 것이다. 경찰특공대에서 이루어냈던 수많은 기적(결과)들 또한 없었더라면 또 어땠을까? 내가 이렇게 책까지 낼 수 있었을까?

이렇듯 결과에는 놀라운 힘이 있다. 나를 쳐다보지도 않던 사람들이 내가 달성한 '결과'를 보고서 갑자기 나에게 주목하며 관심을 갖는다. 내가 말할 때마다 공감하면서 고개를 끄덕인다. 내가 이루어낸 결과로 내가 그동안 벌였던 모든 과정이 세세하게 증명되었기 때문이다. 연습할 장소마저 구하기 어렵던 선수가 올림픽에서 금메달을 딴 뒤 하루아침에 온 나라의 주목을 받는 스타가 되듯이 말이다. 그 결과

덕분에 나에 대한 주변 사람들의 신뢰는 회복되고, 이런 나를 보는 당신도 '나도 해낼 수 있다!'는 희망을 갖게 되는 것이다.

물론 결과를 창출해내는 것은 다른 이들의 시선을 의식해서도 아니고, 다른 이들이 나를 알아봐주기를 원해서도 아니며, 모두에게 자랑하고 싶어서는 더더욱 아니다. 단지 내가 달성한 기적 같은 기록들이 그동안 내가 피땀을 흘리며 한계에 도전하면서 기울인 노력을 대신 입증해주고 있을 뿐이며, 팀원들 모두가 나를 믿고서 나에게 자신들의 생명을 맡기고 함께하고자 하는 이유가 되는 것이다. 즉, 나는 내가 이룬 결과로 나를 증명함으로써 팀원들 모두가 신뢰할 수 있는 상관이 된 것이다. 이처럼 결과의 창출은 개인의 성장뿐만 아니라 가족, 조직, 나아가 사회에 이르기까지 막대한 영향을 미치면서 놀라운 힘을 발휘한다.

자, 그렇다면 결과를 창출해내기 위해 지금 우리가 기울일 수 있는 노력은 무엇일까?

여기서 이 질문이 결과 때문에 과정을 소홀히 하라는 얘기는 아니다. 아무리 멋지고 좋은 목표가 있더라도 과정이 없으면 아무것도 이루어낼 수 없다. 이것은 절대 부인할 수

　행동으로 논리를 대변하고, 결과로 과정을 입증하라!

없는 사실이다. 다만 우리의 모든 관심과 주의력을 과정보다 결과에 먼저 집중시켜보자는 말이다.

즉 "이러저러한 과정을 거치면 목표를 이룰 수 있을 것이다!"가 아니라, "목표를 반드시 이루려면 어떠한 수단과 방법도 가리지 말아야 한다!"는 것이다.

똑같은 말 아니냐고? 이 두 문장은 완전히 다르다. 앞 문장은 과정에 초점을 맞춰 세부적인 계획과 일정을 짜는 등 준비 과정을 우선시하라는 말이고, 뒤 문장은 먼저 결과를 도출해놓고 다양한 수단과 방법을 결정하라는 말이다. 즉 앞 문장은 과정을 완벽하게 준비해놓지 않으면 좀처럼 움직이지 않는 완벽주의의 늪에 빠지거나, 혹은 생각이 많아져서 꾸물대다가 목표와 점점 멀어져 결국 이별을 고하게 되는 경우를 말하는 것이고, 뒤 문장은 결과가 가장 중요하기 때문에 과정인 수단과 방법을 수시로 바꾸어가며 오직 목표에만 모든 관심과 주의력을 집중시킴으로써 어떻게든 목표를 달성해내는 경우를 말하는 것이다.

다시 강조하는데, 특수 요원들이 남들과 특별히 다른 이유는 다른 이들보다 강한 체력이라든가 뛰어난 정신력을 보유해서가 아니다. 바로 결과를 중심으로 과정을 선택해나가는 목표지향적 사고를 하기 때문이다. 쉽게 말해 결과로 과정을 입증하기 때문이다. 그래서 특수 요원들은 자신들도 목표를 달성하고 싶다고 말하는 이들에게 입버릇처럼 이렇게 조언한다.

"과정이 중요하다! 물론이다! 하지만 결과는 더 중요하다! 그러니 결과로 과정을 입증하고, 행동으로 논리를 대변하라!"

행동으로 논리를 대변하고, 결과로 과정을 입증하라!

정신차려라!
멘탈이 모든 것을 결정한다.

더이상 움직일 힘조차 없는 극한 상황에서도 다시 일어날 수 있는 이유?

머리끝까지 숨이 차올라 호흡도 제대로 할 수 없는 지옥 같은 상황에서도 목표를 향해 끝까지 뛸 수 있는 이유?

모두가 혼란에 빠진 아비규환의 현장에서도 침착함을 유지하면서 임무를 완수할 수 있는 이유?

누구도 선뜻 나서지 못하는 위험한 일을 지금 내가, 그리고 우리가 할 수 있는 이유?

이 모든 질문의 답은 바로 '멘탈(mental)이 이끄는 힘'이다.

멘탈의 사전적 의미는 '생각하거나 판단하는 정신, 혹은 정신세계'이다. 사실 사전적 의미로도 그 가치를 모두 표현할 수 없는 이 '멘탈'이라는 놈은 지금까지 나를 비롯한 특수 요원들을 이끌어온 엄청난 에너지이자 전부라 해도 과언이 아니다. 강인한 체력과 올바른 판단, 신념, 변화, 행동, 성장, 열정 등 무수히 많은 삶의 가치들이 모두 이 멘탈에서 나오기 때문이다. 또한 특수 요원들이 임무에 투입되었을 때 작전의 성공 여부를 결정하는 요소이기에 멘탈은 상당히 중요하다.

특히 특수 요원들에게 멘탈은 더욱 중요하다. 임무를 대하는 마음자세를 통해 작전의 성공 여부가 판가름나기 때문이다. 마음이 없는 곳에 육체가 존재하지 않듯이, 텅 비어 있는 빈 껍데기 같은 멘탈은 자칫 큰 부상이나 사망으로 이어질 수 있다. '호랑이 굴에 들어가도 정신만 차리면 산다'는 속담도 있듯이, 위험이 곧 일상인 특수 요원들이 항상 긴장을 늦추지 않기 위해 멘탈을 부여잡는 이유가 바로 여기에 있다. 그래서 우리 요원들에게 멘탈을 잡는 것도 위험만큼이나 일상 그 자체다. 언제 어디서 터질지 모르는 위협에 대비해 항상 대기 태세를 유지해야 하며, 훈련을 하는 매 순간마다 한계를 극복하기 위한 도전을 해야 하기 때문이다. 그리고 이를 가장 잘 보여주는 사례가 바로 경찰특

정신차려라! 멘탈이 모든 것을 결정한다.

공대 승진시험이다.

　매년 10월 말이면 승진 소요 기간을 충족시킨 승진시험 대상자들이 계급별로 경찰특공대 승진시험을 실시한다. 사격과 체력, 그리고 인사고과 등을 종합한 점수가 높은 순으로 합격자가 결정되는 방식인데, 합격하는 인원의 수가 매우 적고, 극한의 체력 평가와 단 20발로 운명이 결정되는 사격으로 인해 승진시험 경쟁 자체가 상상을 초월할 정도로 치열하다.

　특히 사격은 승진시험에서 합격의 당락을 결정지을 만큼 비중이 높고, 고강도의 전술 사격 능력을 요구하는 가장 중요한 평가 요소다. 문제는 단 20초에 발사하는 20발로 지난 1년간 내가 기울인 혼신의 노력이 평가된다는 끔찍한 사실이다. 승진시험 대상자들은 불과 20초 안에 탄창 여러 개를 교환하고, 소총과 권총을 교체해가면서 주어진 20발을 모두 타깃 안에 박아 넣어야 한다. 지난 1년간 기울인 노력의 결과가 이 한순간에 평가된다는 사실이 천하의 특공대원들의 손을 벌벌 떨게 만든다. 그래서 미칠 듯이 떨리는 이 순간을 이겨낸 사람만이 승진의 영광을 차지할 수 있는 것이다.

하지만 특수 요원들은 목표가 생기면 환장하는 이들이 아니던가! 말도 안 된다는 말이 나올 정도로 불가능한 조건에서도 임무를 달성하는 이들의 열정은, 나도 잠시 잊고 있었던 특수혼(특수 요원으로의 마음가짐)을 다시금 상기할 수 있게 해주었다. 손에 물집이 잡히고 인대가 터져나가도 아침·저녁 안 가리고 사격 훈련을 끊임없이 반복한다. 이런 모습들을 볼 때마다 정말 대단하고, 또 '다들 미쳤다!'는 생각밖에 들지 않는다.

사격시험은 상대평가로 이루어지는데, 승진시험 일주일 전이면 모든 시험 대상자들의 사격 평균 점수는 이미 98~99점이다. 이렇게 되면 변별력이 없어지는 거 아니냐고? 아니, 지금부터가 진짜 시작이다. '멘탈'이라는 녀석은 이렇듯 결정적인 순간에 어김없이 찾아와 기지를 발휘하는 특별한 친구이기 때문이다. 그리고 멘탈은 역시나 시험 당일에 그 능력을 마음껏 발휘한다.

시험 당일 사격시험 점수는 합격자의 반열에 오른 몇몇 인원들을 제외하고는 거의 모두 80점대다. 바로 전날까지 거의 100점에 육박하는 높은 점수를 획득했던 이들에게 도대체 무슨 일이 일어났던 걸까? 무엇이 합격을 결정짓는

정신차려라! 멘탈이 모든 것을 결정한다.

가장 큰 요인이었을까? 사격 실력? 노력의 부족? 아니다. 내가 장담하건데 시험 대상자 모두의 사격 실력은 타의 추종을 불허할 정도로 매우 우수했으며, 그들의 노력 수준 또한 이미 언급했듯이 거의 '또라이'가 될 정도의 수준이었다.

이쯤 되면 짐작하겠지만, 합격과 불합격을 결정지은 종이 한 장과 같은 차이가 바로 멘탈이었다. 사실 사격은 나 역시 누구에게도 뒤지지 않을 정도라고 자부하지만, 그러면서도 "사격에서만큼은 영원한 강자가 절대로 없다"는 말을 내뱉을 정도로 멘탈이 무너질 때가 한두 번이 아니었다. 단 한 순간! 즉, 멘탈을 놓친 바로 그 순간에 아주 후회하게 될 결과가 나오는 것이다.

기실 시험 전날에 시험 대상자들은 끝없는 노력으로 원하는 사격 결과가 완성되자, '이를 지켜야 한다!'는 다짐 혹은 '결코 잃고 싶지 않다!'는 불안감과 두려움을 스스로 만들어냈다. 여기에 더해 '정말 잘 쏴야 한다!'는 욕심이 더해지면서 엄청난 부담감이 어깨를 짓누른 것이다. 그러니 멘탈이 무너질 수밖에 없었다.

재미있는 사실은 먼저 실시한 체력시험에서 좋지 않은 성적을 받았기에 사격시험마저 거의 포기했던 시험 대상자들이 전체적으로 높은 사격 점수를 받았다는 점이다. 이는 멘탈이 얼마나 중요한지를 잘 보여주는 반증이다. 이미 좋지 않은 결과를 받았기에 마음을 비웠고, 그래서 아무런 부담을 갖지 않았던 이들은 자신의 실력을 그대로, 마치 평소 사격장에서처럼 발휘해낸 것이다. 문득 "부드러움이 강함을 이긴다"는 말이 생각난다.

이렇듯 매 일상이 극한의 상황과도 같은 특수 요원들의 삶에서 이 '멘탈'이라는 놈이 발휘하는 영향력은 상당히 놀라운 수준이다.

멘탈을 유지하는 것이 얼마나 중요한지를 보여주는 또 하나의 사례는 바로 구보를 할 때다.

시험 대상자와 비시험 대상자의 구보는 한눈에 보기에도 확연히 구분된다. 새벽운동 차원에서 함께 구보를 나갈 때마다 뛸 이유가 없는 비시험 대상자들은 숨소리부터가 다르다. 억지로 나왔거나, 하기 싫은 마음 때문인지 시작부터 헐떡대며, 몸은 천근만근 무겁고, 금세 호흡이 거칠어지는 등 힘든 기색이 역력하다. 육상선수 출신이었기에 원래 구보가 주특기였던 비시험 대상자도 예외가 아니다. 이제 막 준비를 시작한 시험 대상자와는 시작부터가 다르다.

시험 대상자들은 구보를 할 때 '한번 해보자! 차분히 한

정신차려라! 멘탈이 모든 것을 결정한다.

걸음씩 합격을 향해서 전진해보자!' 같은 마음을 먹고서 시작하기에 힘들 이유가 전혀 없다. 힘들더라도 이미 멘탈이 그 고통까지 지배하고 있기에 힘들다고 느끼지 않는 것이다.

물론 특수 요원들은 이미 잘 알고 있다. '멘탈이 곧 의지'라는 사실을 말이다. 그리고 이 의지가 자신의 현재 일상을 만들어간다는 사실도 말이다. 특수 요원들이 일상과 마주하는 마음자세 또한 이러하다.

'이왕 할 거면 제대로 하고, 안 할 거면 아예 시작도 하지 않는다!'

'어차피 해야 할 일, 그리고 내가 할 수 있는 일을 하기로 결심했다면 반드시 해내겠다!'

이런 의지로 온 정신을 집중시켜 강한 멘탈을 만들어낸다. 그리고 이 멘탈을 부여잡고서 목표를 달성할 때까지 절대 포기하지 않고 반드시 이루어낸다. 이와 같은 원리가 계속 반복되면서 이들의 일상도, 삶도, 인생도 바뀐다.

이렇듯 멘탈은 우리의 삶을 지배하며, 모든 것을 결정한다. 한마디로 멘탈은 바로 나 자신이 만들어내는 의지다. 소위 유리멘탈, 강철멘탈, 멘탈갑, 멘붕(멘탈 붕괴) 등도 모두 우리 자신이 만들어낸 의지의 결과물인 것이다.

아마 당신은 특수 요원들이 목표를 100퍼센트 달성하는 비법이 궁금해서 이 책을 읽기 시작했을 것이다. 그래서 한편으로는 '특별한 것'을 기대했을 것이다. 하지만 특별한 건 아무것도 없다. 그 비법이라는 것은 이미 당신도 잘 알고 있는 것이다. 다만 특수 요원들과 달리 당신은 당신 자신에게 그걸 적용하지 않았을 뿐이다.

결국 우리가 가지고 있는 모든 문제의 해답은 우리 자신에게 있다. 당신이 의지를 가지고 행동할 때, 그 순간부터 당신의 변화는 시작된다. 그래서 멘탈이 중요하다고, 그 무엇보다 으뜸이라고 강조하는 것이다. 그리고 이 멘탈은 바로 내가 만들어내는 것임을 절대로 잊지 말라!

강한 정신과 생각과 판단 그리고 삶을 대하는 마음, 이모두가 '하고자 하는 내 의지'에 달려 있다는 사실을 가슴에 새겨라! 당신의 의지로 강한 멘탈을 만들어라!

마지막으로 다시 한 번 강조하겠다.

"정신 바짝 차려라! 멘탈이 모든 것을 결정한다!"

최고의 단짝을 만들어라!

　"무엇이 나를 여기까지 이끌었을까? '최고의 약골'이라 불리던 이 겁 많은 소년을 최고의 특수 요원으로 만들기까지 결코 쉽지 않은 과정이었음에도, 이 과정에서 버티게 해준 최고의 가치와 신념은 무엇이었을까?"

　꿈을 이루고 놀라운 기적들을 경험한 후 가장 먼저 나 자신에게 갑자기 던진 질문이다. 그리고 답을 곰곰이 생각했다. 이는 내가 이제껏 쌓아온 최고의 무기들 중 하나만을 선택하는 과정이기도 해서 마치 아주 어려운 객관식 문제를 푸는 것처럼 매우 어려웠다. 하지만 나는 물론 내 주변 사람들도 인정할 최고의 가치를 찾았다. 바로 '최고의 단짝을 만들라'는 것이다.

당신에게는 최고의 단짝이 있는가?

사실 나에게도 아주 어릴 적부터 마음이 통하던 친구가 있었다. 하루 종일 옆에 붙어 있었어도 헤어지기 싫고, 슬프거나 힘든 일이 있을 때면 함께 울어주며 서로에게 작은 위로를 준 친구였다. 성인이 된 뒤 각자 바쁘게 살게 되어 오랜만에 연락을 하더라도 마치 어제 만난 것처럼 평안한 마음을 선물해주는 그런 친구다.

바쁘다는 이유로 가까운 사람들에게마저 인색하게 구는 요즈음 같은 시대에 언제나 내 편이 되어주며 나를 진심으로 응원해주는 친구는 소중한 재산이자 큰 축복임이 분명하다. 이런 친구가 있는 당신은 이미 원하는 삶을 향해 한 걸음 더 전진하게 해주는 엄청난 에너지를 가진 행운아인 셈이다.

그렇다면 내가 선택한 최고의 단짝은 누구일까? 누가 묻더라도 한치의 망설임 없이 대답할 수 있는 나의 최고의 단짝은 다름 아닌 '사랑하는 내 아내'이다. 가장 행복했던 순간, 죽도록 힘들었던 순간, 기적 같은 결과로 함께 기뻐했던 순간, 특히 헛된 욕망 때문에 일을 망치고 숨어버리고 싶었던 가장 부끄러웠던 순간까지 아내는 내 곁을 지켜주었다. 심지어 나 자신조차 믿지 못하게 되었을 때에도 무한한 신뢰와

최고의 단짝을 만들어라!

사랑을 보내준 아내야말로 그 무엇과도 비교할 수 없는 내 최고의 단짝이다.

자랑 아닌 자랑을 하자면 아내는 굉장한 미인이다. 학창 시절에는 '송파구 얼짱'이었던 그녀를 모르는 사람이 없을 정도였다. 내가 아내를 처음 보게 된 건 앞서 이야기했던 어릴 적 친구 덕분이다. 특전사 중위로 근무하던 어느 날, 내게 전화 한 통이 걸려왔다.

"광철아! 교회에 말도 못 걸 정도로 어마어마하게 이쁜 애가 있는데, 네가 한번 와서 나랑 연결 좀 시켜주라!"

고된 시간을 겪으면서도 무서운 게 없던 나였기에, 한걸음에 교회로 달려갔다. 역시나 가장 앞쪽에 말끔한 차림으로 자리를 잡고 있던 녀석들을 보니 헛웃음이 나왔다.

"어딨는데, 너희가 말한 여신이?"

이쁘다고 난리를 쳐놓은지라 내심 궁금하기도 했고, 나 또한 설렌 것도 사실이다.

"저 앞 성가대에 있잖아! 보면 딱 알아!"

성가대를 보니 이제 막 고등학교를 졸업하려는 고등학교 3학년 수험생들이 특별찬양을 부르고 있었다. 친구들이 그 여고생들을 보며 흑심을 품었다고 생각했기에 '너희들 미쳤구나!'라고 생각하며 한심스럽다는 표정을 짓고 눈살을 찌푸렸지만, 이미 내 눈은 그녀를 찾고 있었다.

"오 마이 갓!"

앞서 그 친구의 말이 정말이고 사실이었다. 진짜 여신이었다. 내 시선이 한 여자에게 멈춤과 동시에 시간 자체가 정지되었다. 거짓말처럼 모든 빛이 그녀만을 환하게 비추고 있었고, 그 주위의 모든 배경이 검게 물들어 있었다. 태어나서 난생 처음 겪는 현상이었다. 한마디로 나는 '첫눈에 반해버린' 것이다.

"친구들아, 미안하다! 지금부터는 쳐다보지도 마라! 오늘부터 내 여자다!"

그 당시 두려울 게 없던 난, 쏟을 수 있는 역량을 전부 쏟아붓기로 친구들에게 선포했다. 친구들이 옆에서 뭐라 뭐라 난리를 쳤지만, 내 귀에는 들어오지 않았다. 내 귀를 지배하는 건 오직 그녀의 노랫소리뿐이었으니까!

예배가 끝나면 항상 소모임이 있었다. 나는 이 기회를 놓치지 않고자 가장 먼저 모임 장소에 도착해 그녀를 기다렸다. 지금 생각해도 이 당시의 나는 거침이 없었다. 웬일인지 이날에는 예배만 끝나면 곧장 집으로 갔던 모든 교회 청년들이 한곳에 모여 있었다. 그들과 다를 게 없던 나는 이들의

최고의 단짝을 만들어라!

도전을 받아주기로 했다. 역시 남자란 놈들은 하나같이 똑같다.

모임이 시작되었지만 따로 말 한 번 걸기가 어려웠다. 어찌나 늑대 같은 놈들이 들이대던지…. '경쟁'이 예상보다 치열해서 접근조차 하지 못했다. 결국 모임은 이대로 끝났고, 나 또한 '오늘은 날이 아닌가 보다' 하면서 집에 가려고 엘리베이터에 탔다. 그런데 이게 웬일? 그녀가 갑자기 뛰어들어왔다. 마치 나를 기다리고 있던 것처럼 그녀가 내게 들어온 것이다. 이건 100퍼센트 '운명'이었다. 내게 일어난 기적 중 최대의 기적이 바로 이 순간 탄생한 것이다.

조금의 지체도 없이 인사를 건네고 내 소개를 했다. 이런 설레는 감정을 얼마 만에 느낀 걸까? 나 혼자만 말하는 와중에 엘리베이터는 이미 1층에 도착했다. 그래도 수확이 있었다.

"네, 안녕히 가세요!"

그녀의 인사라도 받았으니 말이다.

이렇게 우리의 첫 만남은 '나 혼자만의 운명 같은 만남'으로 끝났다. 첫 만남에서 강렬한 인상을 남겼어야 했는데…. 후회가 막심했다.

하지만 그날 이후 일요일만을 손꼽아 기다리면서 힘든

부대생활도 잘 버텨냈다. 마침 그녀도 나도 교회 내 새내기 적응 기간을 보내고 있었기에 매주 일요일마다 볼 수 있었다. 그녀를 볼 수 있다는 기대감에 하루하루가 어떻게 가는 줄도 몰랐다. 어쩌다 못 보기라도 하면 그 다음 주의 7일은 마치 지옥에서 사는 듯했다. 그 정도로 나는 점점 미쳐가고 있었다. 물론 얼굴을 볼 때마다 적극적으로 들이대며 센스 있는 농담으로 점점 호감을 샀다.

이런 내 전략이 분명히 맞아떨어지고 있는 중이라고 판단하던 어느 주말, 그녀가 어쩐지 나를 피하는 것 같았다. 나중에 친구로부터 알게 된 사실인 즉, 교회의 다른 남자들이 나를 완전히 쓰레기로 만든 것이다. 허위사실 유포가 얼마나 큰 범죄인지를 실감했지만, 그 덕분에 내 최고의 무기 중 하나인 '오기'가 발동했다.

"용기 있는 자만이 미인을 쟁취한다"는 말은 분명한 사실이라고 내가 보증할 수 있다. 이는 연애뿐만 아니라 우리 일상에서도 통용되는 진리다. 용기(자신감)는 사람은 물론 그의 주변 환경도 변화시키는 놀라운 힘이기 때문이다. 그리고 위기 또한 곧 또 다른 기회이기도 했다.

나는 큰 용기를 냈고, 더욱 적극적으로 표현하기 시작했다. 그녀와 직접 마주하여 오해를 풀고 싶었다. 하지만 거절, 거

절, 거절, 그리고 또 거절…! 그녀는 내가 얼마나 싫었던지 당시 자기는 휴대폰이 없다면서 지금의 장모님 휴대폰 번호를 불러주었다. 그녀의 거짓말이 이해되면서도 귀여웠다. 하지만 진짜 전화할 줄은 몰랐나보다. 지금의 장모님에게도 전화했지만, 그럼에도 또 거절…. 적극적으로 표현했던 호의가 이렇게 계속 거절되었음에도 나는 조금도 낙심하지도 좌절하지도 않았다.

자존심? 그 하찮은 자존심이 이상형의 여자를 만나지 못하는 대다수 남자들의 치명적 실수다. '자존심이 밥 먹여주지는 않는다!'는 마음으로 한 200번 이상의 호의를 보였던 것 같다. 어차피 "포기하지만 않으면 불가능은 없다"는 말도 있지 않던가! 그녀가 영어 공부를 하고 싶어 한다는 정보를 입수한 나는, 토익(TOEIC)이 뭔지 전혀 모르던 상태에서 그녀에게 토익 책을 골라준다는 명목으로 첫 만남을 이루어냈다. 끝없는 노력이 만들어낸 기적과도 같은 이 소중한 기회를 놓칠 내가 아니었다. 레스토랑을 예약하고 영화표도 구매하고서 그녀를 맞이했다.

결과는 매우 성공적이었다. 개그 달란트를 마음껏 뽐내며 그녀를 즐겁게 해주었고, 무엇보다 많은 대화를 나누면서 오해도 풀었다. 마침내 그녀의 마음속 문이 조금씩 열렸다.

그 이후에는 더이상 기다릴 것도 없이 남아 있던 열정을 모조리 그녀에게 쏟아부었고, 마침내 내 인생에서 최고의 선택이라 자부할 수 있는 지금의 내 아내와 사귀게 되었다. 노력해서 안되는게 있다고? 자신을 속이지 말라! 당신은 최선의 노력을 하지 않았을 뿐이다.

허위사실 유포까지 당할 정도로 엄청난 경쟁률을 뚫고서 그녀와 정식으로 사귀게 된 나는, 사실 어안이 벙벙했다. 그녀가 그 많은 사내들 중에서 정말로 나를 선택했기 때문이다. 상상만 했던 일이 이렇듯 현실이 되는 걸 나는 전혀 대비하지 않았기에 한동안 어안이 벙벙했다. 하-, 이전까지의 그 거침없던 용기와 자신감은 도대체 어디로 달아났는가? 엄청난 꿈이 갑자기 현실이 되자 후폭풍이 제대로 닥쳐왔다. 하지만 그녀를 보면 행복의 웃음이 절로 나왔다.

'그래, 만나는 것만으로도 행복하다! 그녀가 내 곁에 있어주는 내내 내가 할 수 있는 최선을 다해 잘해주자!'

이렇듯 겸손한(?) 마음자세가 통했을까? 한 달, 두 달, 마침내 세 달이 지났는데도 그녀가 내 옆에 꼭 붙어 있었다. 선남선녀 커플이었으면 모두가 그러려니 했겠지만, 누가 봐도 미녀와 야수 커플이었기에 주변의 모든 사람들이 신기해했다. 지금 하는 말이지만 그 당시 아내 친구들이 "미쳤어? 돌은 거야? 왜 아저씨를 만나고 그래?"라고 했다고 할 정도니 말이다.

더군다나 일주일에 한 번 만나는 장거리 연애, 한 달에 2주나 있는 야외 훈련은 우리의 사랑을 식게 만들기는커녕 오히려 더욱 애틋하게 만들었다. 이때부터였을까? 항상 같이 있으면 좋겠다는 장난스러운 농담이 시작되었고, 결국 이런 말까지 했다.

"결혼해서 항상 같이 있으면 정말 행복하겠다!"

"그러고 보니 사실 안 될 이유도 없잖아? 되면 너무 좋은 거고, 안되면 마는 거지."

어디서 또 이런 용기가 났을까? 우린 생각을 행동으로 옮기기 시작했다. 부모님들께 말이라도 해보기로 한 것이다. 지금 생각해보면 대책도 없이 저지르고 본 우리를 주변 사람들이 얼마나 철없다고 여겼을까? 그때 내 나이가 스물네 살, 아내 나이가 스무 살이었으니 말이다.

놀라운 것은 이런 말도 안 되는 추진이 갑자기 진행되었다는 것이다. 우리 또한 '설마 되겠어?'라고 우려했던 일이 현실로 나타나자 조금은 걱정이 되었다. 물론 걱정을 제일 많이 하신 분들은 역시 장인어른과 장모님이셨다. 어디 내

놓아도 아깝지 않을 최고의 딸이 고등학교를 졸업하자마자 결혼을 한다고 하니, '도대체 우리 딸에게 무슨 일이 일어난 건가?' 싶으셨을 것이다. 그래서 장인어른과 장모님은 곧장 나를 만나보기를 원하셨고, 나 또한 천리행군을 간다는 마음자세로 정신을 완전무장한 뒤, 두 분을 뵈러 갔다.

그런데 이게 무슨 일이었을까? 장인어른과 장모님께서는 나름 바라던 사윗감이 있으셨는데, 하필 그 모든 조건이 말도 안 되게 나와 맞아떨어졌다. 물론 외모와 재력은 예외였지만, 일단 술과 담배를 하지 않았고, 교회를 다녔으며, 똑똑하고 성실했고, 마지막으로 안정적인 직장을 가졌다는 것을 좋게 보셨다. 사실 똑똑하고 성실한 걸 증명하긴 어렵지만 내가 나온 대학교 이름이 한몫했고, 또 당시 직업군인이라는 직업이 '안정적인 직장'이라는 인식이 있었던 덕분이다.

이렇듯 생각을 행동으로 바꾸자, 아무 일도 없던 일상이 바뀌고 환경이 변하더니, 인생이 변했다. 아무것도 하지 않으면 아무 일도 일어나지 않지만, 작은 행동이라도 실행한다면 인생도 변화할 수 있다는 이야기다.

그런데 장인어른과 장모님은 단 한 가지 조건을 붙이셨다. 지금 서로의 나이가 나이인 만큼 약 1년 뒤에 결혼식을

최고의 단짝을 만들어라!

올리자는 것이었다. 물론 긍정적인 승낙이었다.

내 얼굴은 그렇다 치고 당시 집안 형편도 넉넉하지 않았는데도 결혼을 허락하신 장인어른과 장모님은 대체 무슨 생각을 하고 계셨을까? 나의 어떤 모습을 보시고서, 도대체 무얼 보시고서 결혼을 승낙하셨을까? 사실 지금도 모르겠다. '혹시 미래에 아주 멋지게 살고 있을 내 모습을 미리 보신 건 아닐까?' 하는 상상만을 해볼 뿐이다.

물론 이후에는 더욱 행복한 나날이 이어졌으며, 예정된 날짜에 우리는 정말 결혼식을 올렸다. 우리가 어리다 보니 혼전임신을 한 게 아니냐고 쑤군대는 자들도 있기는 했지만, 아무 조건도 따지지 않고 오직 사랑으로만 결실을 맺은 우리다. 그러니 지금 생각해도 정말 말도 안 되면서 놀라운 결혼이었다. 그리고 누구보다도 더 진하게 사랑했다.

아내는 아주 유복하게 자랐음에도 신혼생활을 10평 남짓한 군 관사에서 시작하는 것에 대한 한마디의 불평도 없었다. 오히려 너무 행복하다며, 좋아했다. 이는 후일 내가 바닥까지 내려갔을 때 나를 더 가슴 아프게 한 가장 큰 이유이기도 했다. 이것이 지금까지도 변함없이 사랑할 수 있는 멋진 부부로 우리를 성장시킨 게 아닐까 싶다.

용기와 자신감, 포기하지 않는 끈기, 생각보다는 행동을 우선하는 마음가짐이 내 인생 최고의 기적을 만들어내지 않았나 싶다. 그리고 지금까지 나의 이야기에서 봤듯이 이런 마음가짐이 놀랍게도 또 다른 기적을 만들어냈다.

이쯤에서 "지금 당신이 추구하는 행복이 가치가 있는 가?"를 묻고 싶다. 무엇이 당신을 행복하게 만드는가? 아직까지 명확하게 생각나지 않는다면 지금 당장 당신만의 가치와 신념을 가져보라! 더 크고 놀라운 기적을 체험하게 될 테니 말이다.

이는 어찌보면 지금까지 모든 사람들이 좋아하는 러브스토리였는지도 모른다. 하지만 나는 왜 최고의 단짝을 만들어야 한다고 강조했을까? 왜 아내를 최고로 중요한 존재라고 말했을까? 단지 내 아내여서? 아니면 너무 사랑했기 때문일까? 아니다! 꼭 아내가 아니어도 좋다. 단짝은 친구여도 좋다. 혹은 부모님일 수도 있다. 강조하고 싶은 것은 당신과 인생을 함께할 당신만의 최고의 단짝, 즉 '인생의 동반자'를 꼭 만들라는 것이다.

최고의 단짝을 만들어라!

내 최고의 단짝인 사랑하는 아내와 함께

인생의 동반자

지금도 우리 부부는 잘 싸우지 않는다. 연애 때에도 말싸움조차 한 적이 없고, 힘든 시기를 보낼 때에도 다툰 적이 없다. 지금은 훌쩍 커버린 우리 아이들이 TV 드라마를 보면서 "부부싸움이 뭐야?"라고 물어볼 때 새삼 놀라면서도 기분 좋은 이유가 바로 이 때문이다.

나는 항상 밝게 웃고 살며, 모든 일에 열정적이다. 또한 매사를 긍정적인 사고방식으로 대함으로써 주변 사람들까지도 덩달아 즐겁게 만드는 매력을 가지고 있다. 이건 내 자랑이 아니라, 내 주변 사람들이 해준 말이다. 어떻게 하면 이렇게 살 수 있냐고? 다른 이유는 없다. 그저 지금 살아가는 하루하루에 감사하고, 또한 행복해하기 때문이다. 그리고 이제 이 자리를 빌려 처음으로 비밀을 공개하겠다.

이런 엄청난 긍정의 에너지는 사실 내 아내의 것이다. 아내는 나를 뛰어넘는다. 작은 체구에서 어떻게 이런 에너지가 나오는 건가 싶어 놀란 때가 한두 번이 아니었다. 아내는 절대 지치는 법이 없다. 아침에 일어날 때조차 한 번에 벌떡 일어나서 해야 할 일을 한다. 게으른 적도 없다. 항상 누군가를 만나기를 좋아하고, 무엇인가를 하려고 노력한다. 혹시나 안 좋은 일이 벌어져 부정적인 생각을 하게 되면 긍정의 에너지로 이를 머릿속에서 완전히 지워버린다. 말 그대로 놀라운 능력의 소유자다.

우리 부부를 아는 사람들이 항상 아내에게 하는 말이 있다.
"도대체 왜 박광철한테 미쳐 있는 거니? 지금도 아주 좋아 죽는 게 보인다, 보여!"

최고의 단짝을 만들어라!

내가 굉장히 매력적인 건(?) 사실이지만, 사귈 때부터 따져서 결혼 16년 차인 지금도 부족한 것 없던 아내가 나를 선택한 것이 신기했고, 무엇보다 믿기 힘들었다. 그런 우리에게 불행이 한꺼번에 몰려왔다. 부정적인 생각이 한번 솟구치자 더 큰 부정의 깊은 늪이 되어 나를 끌어당겼다. 나는 이 늪에서 빠져나오려고 발버둥을 쳤다. 가족마저 이 늪으로 밀어넣고 있는 걸 아내도 분명 알고 있었다. 하지만 그 순간에도 한마디 불평은커녕, 끝까지 나라는 놈을 믿어주었다.

"하다 보면 잘될 거야! 걱정하지 말자! 어떻게든 되겠지!"

아내의 무한한 긍정의 에너지 덕분에 우리 부부는 위기를 함께 극복할 수 있었다. 정확히 말하자면 아내가 위기를 극복하게 해줌으로써 지금의 내가 당당하게 설 수 있었던 것이다.

아내는 나와 위기를 함께하면서 진정한 신뢰가 무엇인지를 내가 깨닫게 해주었다. 철없고 무능력한 남편에게 주었던 무한한 신뢰가, 나로 하여금 그 이상으로 아내를 신뢰하게 만든 것이다.

사실 나 하나로 인해 아내는 모든 것을 포기했었다. 한창 친구들과 놀 나이에 엄마로서 자신의 삶을 희생하며 아이들을 양육했다. 가장 힘든 육아시기에 남편이라는 작자가 공부한다는 핑계를 대면서 제대로 도와준 적도 없다. 그래서 아내 혼자서 두 딸을 다 키워냈다 해도 과언이 아니다. 부족함 없이 자라난 아내가 결혼하는 순간부터 모든 게 부족해졌다. 그럼에도 환경과 상황을 원망하지 않았고, 언제나 날 응원해주는 든든한 버팀목이 되어주었다. 그러니 내가 아내를 어찌 존경하지 않을 수 있겠는가!

아무 조건 없이 나를 믿어주는 사람, 내 편이 되어주는 사람, 기쁜 일이 있으면 함께 웃어주고 가슴이 아플 땐 그 아픔을 같이 나눌 수 있는 사람, 위로 받고 싶을 때 말하지 않아도 아무 말 없이 꼭 안아주는 그런 사람! 이런 사람인 아내는 내 최고의 단짝이다.

그러면 다시 묻겠다.

"지금 당신에게는 최고의 단짝이 있는가?"

만약 아직도 없다면 당신도 최고의 단짝을 만들어보라! 꿈을 향해 함께 가는 인생의 동반자를 만들어라!

분명 당신의 꿈에 한걸음 더 전진하도록 이끌어주는 엄청난 에너지가 되어줄 것이다. 그리고 함께 성장하는 기적을 보게 되리라!

최고의 단짝을 만들어라!

악과 깡으로
완전무장하라!

'특수부대' 하면 무엇이 가장 먼저 떠오르는가?

강인함을 보여주는 다양한 이미지들이 머릿속을 스쳐가겠지만, 뭐니 뭐니 해도 악과 깡이 아닌가 싶다.

교관의 한마디에 괴성을 지르며 깊은 바닷속으로 뛰어든다.

온몸이 진흙 범벅이 되고 눈은 완전히 풀려 있는데도 "할 수 있다!"고 소리치며 끝까지 포기하지 않는다.

자신의 발밑에 펼쳐진 하얀 구름 떼 위로 오늘도 과감하게 내 몸을 던진다.

바로 이와 같은 악과 깡이 특수부대, 그리고 다른 누구보다 목표 달성과 결과에 민감한 특수 요원들을 대표하는 상징이다.

악과 깡의 본질은 지독한 끈기와 대범함이며, 이는 당신이 목표를 보다 빠르게 이루도록 도와준다.

악과 깡은 절대로 쉽게 얻어지지 않는다. 이유가 궁금한가? 그렇다면 악과 깡이 왜 특수부대와 특수 요원의 상징이 되었는지부터 알아보자.

악과 깡은 작전에 투입된 특수 요원 자신은 물론, 타인의 생명이 달린 중대한 임무를 100퍼센트 성공적으로 완수하게 하는 힘이다. 즉, 절박한 상황에서도 끝까지 포기하지 않고 목표를 이루어낼 수 있게 도와주는 놀라운 능력이다. 이것이 지금도 특수 요원들이 눈이 돌아갈 정도로 기를 쓰며 한계에 도전하는 이유다.

그러면 잠시 당신의 일상을 돌아보자. 당신도 자기계발서 등에서 얻은 다양한 동기 부여 방법에 따라 대단한 목표를 세울 것이다. 아울러 금방이라도 목표를 이룰 수 있을 것 같다는 설렘과 함께, "나도 할 수 있다! 해낼 수 있다!"는 자신감이 충만할 것이며, 오랜만에 삶의 활력도 생겼을 것이다. 그래서 당신은 꿈을 이루고 목표를 달성하기 위해 세부적인 계획을 세운 다음, 이를 즉각 실행에 옮긴다.

하지만 역시 작심삼일이다. 고작 3일 뒤 당신은 평온한 일상과 수많은 유혹에 마음이 살짝 시들해졌다. 거창하게 세웠던 목표는 조금씩 희미해져가고, 처음 계획했던 세세한

악과 깡으로 완전무장하라!

과정들은 하루하루 해내기도 벅차다. 계획들이 조금씩 미뤄지더니, 이제는 걷잡을 수 없는 지경에 이르렀다. 결국 꿈도 목표도 물 건너가면서 기존의 평범한 일상으로 되돌아간다. 변화된 건 아무것도 없다.

하지만 이번엔 다르다. 절박함과 간절함 때문에라도 절대 포기할 수가 없다. 성공하지 못하면 내 동료들이 죽고, 나도 죽는다. 내가 죽으면 우리 가족 모두가 죽는 것이나 다름없다. 그러니 어떻게든 성공해야 한다. 아니, 반드시 성공해야만 한다!

'오늘은 정말 하기 싫다! 잠시 쉬고 싶다. 오늘만 쉬었다가 내일 하자!'

끊임없는 유혹이 또 머릿속에 가득하다. 하지만 오늘 걷지 않으면, 내일은 뛰어야 한다. 그러니 어떻게든 오늘 해내야 한다. 그리하여 '어떻게든 해내고야 말겠다!'는 의지가 오기를 만들고, 이 오기가 악과 깡을 만들어낸다. 그리고 마침내 목표를 이루어낸다.

그럼 목표를 이룰 수 있게 해준 가장 핵심 비결은 무엇이었을까? 목표를 이룰 수 있게 해준 가장 핵심 비결은 절대로 포기하지 않게 해주는 힘인 '지속성'이다. 그리고 '지속성'을 유지하려면 바로 지독한 끈기와 대범함이 필요하다. 즉, 악과 깡이 있어야 한다. 좀 더 직설적으로 표현하자면, "쫄지 말고 될 때까지 들이대!"라는 것이다.

그렇다! 어차피 안 죽는다. 그러니 지레 겁먹지 말라! 한계에 부딪히면 겁을 먹고 멈출 게 아니라, 한계를 이겨내란 말이다!

물론 사람마다 기준이 다르니, 어느 정도의 악과 깡을 가져야 하는지 의문이 들 것이다. 나 역시 '지금도 충분히 대담하고 지독할 정도의 끈기가 있다!'고 자부하지만, 그러면서도 '난 정말 아무것도 아닌 존재였구나!' 하는 생각을 한두 번 한 게 아니다. 그래서 악과 깡의 기준에는 명확한 한계가 없다고 말할 수 있다. 그렇다면 어느 정도 수준이 기준점이 될 수 있을까?

매년 여름마다 707에서는 부대 내의 야외 수영장에서 '백호 수영대회'를 개최한다. 개인은 물론 팀, 그리고 지역대의 명예가 달려 있기에 수영선수 출신을 포함해서 수영 좀 한다는 최정예 특수 요원들이 모두 한자리에 모인다. 대회는 각 종목별 개인 경기부터 팀 릴레이 경기까지 마치 올림픽을 방불케 할 정도로 흥미진진하면서도 매우 치열하게

악과 깡으로 완전무장하라!

이루어진다. 그런데 그중 어느 종목보다도 더욱 기다려지는 것이 바로 백호 수영대회의 대망의 하이라이트인 '잠영 경기'이다. 한마디로 누가 제일 잠수를 잘하나 겨루는 경기다.

잠영 경기에서는 길이 50미터의 수영장을 왕복하면서 가장 오래 헤엄친 최고의 요원을 뽑는다. 사실 마지막까지 각 지역대의 점수가 비슷한지라 결국 우승 지역대는 바로 이 잠영 경기의 결과로 결정된다. 그래서 이를 이미 알고 있는 선수들의 얼굴에는 긴장감을 넘어서 비장함마저 가득하다. 이들 중 누군가는 오늘 새로운 영웅이 될 것이다.

경기 전부터 엄청난 응원의 함성소리가 쏟아진다. 응원하고 있는 나조차도 이 함성소리에 몸이 덜덜 떨리는데, 선수들은 정말 오죽하겠는가. 하지만 곧 사방이 고요해지더니 결국 아무 소리도 들리지 않는다. 이제 곧 선수들의 운명이 결정될 시간이다.

"준비… 탕!"

드디어 출발이다. 총소리와 함께 선수들이 다이빙하여 물속에 들어갔다. 또다시 미친 듯한 응원의 함성소리가 온 부대를 울린다.

얼마나 지났을까? 수영장 주변에 대기하던 인명구조대원들이 하나둘 수영장에 뛰어든다.

한 명, 두 명, 세 명… 마지막 대원까지 모두 투입되고 나니 새로운 우승자가 결정됐다.

여기서 무서운 사실은 우승한 최고 요원도 자신이 우승했다는 사실을, 자신이 새로운 영웅이 되었다는 사실을 모른다는 것이다. 정확히 말하자면 한참 후에야 그 사실을 알 수 있다. 왜냐고? 출발했던 선수들 모두가 물속에서 전부 기절했기 때문이다.

이미 출발 전부터 선수들은 마음을 먹고 있었고, 그래서 이런 각오를 되새겼다.

"너희들이 죽나, 내가 죽나, 한번 해보자! 차라리 수영장 물을 다 마셔버리겠다!"

소름이 끼쳤다. 본인의 의지로 물 밖에 얼굴을 드러낸 선수는 단 한 명도 없었다. 팀이 뭐고, 지역대가 뭐길래 자신의 목숨까지도 잃을 수 있는 이런 모험을 다들 감행한단 말인가? 도대체 무엇이 이들을 이렇게까지 만든 것일까? 팀과 지역대의 명예? 아니면 창피함?

아니다. 그런 건 단지 핑계일 뿐이다. 이는 선수 자신과의 싸움이자, 개인의 자부심이 걸린 승부였다. '반드시 해내고야 말겠다!'는 오기였다. 즉, 악과 깡이 보여준 결실이었다.

악과 깡으로 완전무장하라!

과연 나라면 이렇게까지 할 수 있었을까? 갑자기 무서웠다. 이 선수들에 비하면 난 정말 아무것도 아닌 존재였음을 깨닫자 별안간 초라해지고 부끄러웠다. 한편으로는 이 엄청난 용기를 갖고 싶었다. 지독한 악과 깡을 겸비한 진정한 특수 요원이 되고 싶었다. 이런 수준의 끈기와 대범함을 갖췄다면 못할 게 전혀 없다는 생각이 들어서였다.

그럼 도대체 어느 정도 수준의 악과 깡을 가져야 하느냐고? 다시 저 선수들을 보라! 저런 마음자세를 가지고 있는 특수 요원에게 과연 실패가 있겠는가? 만약에 실패하더라도 그건 절대 실패가 아니다. 그들은 분명 자신을 이겨냈기 때문이다.

꿈을 이루고 싶은가?

목표를 달성하기를 원하는가?

성공하기를 간절히 원하는가?

그렇다면 당신도 저 선수들 수준의 악과 깡으로 무장해보라! 물론 자신을 희생하는 것보다 더 두려운 일은 있을 수 없다. 그런데 당신에게는 정말 간절히 원하는 게 있는가? 있다면 정말 죽을 각오를 하고서 덤벼야 한다. 쫄지 말고 들이대라! 우리를 위협하는 가장 큰 적은 다른 누구도 아닌 바로 우리 자신이니 말이다.

이렇듯 자기 자신과의 싸움에서 반드시 승리하려면 언제라도 자신의 한계에 대응할 수 있도록 지독한 악과 깡으로 자신을 무장해야 한다. 즉, 지독한 끈기와 대범함이 당신이 원하는 걸 결국 쟁취하도록 만들 것이다.

기억하라!

"악과 깡? 그것은 불가능을 가능하게 만드는 진정한 용기다. 그리고 그 용기는 바로 당신이 어떤 마음을 먹느냐에 달렸다!"

악과 깡으로 완전무장하라!

당신만의 '가치 있는 신념' 을 가져라!

내 인생에서 가장 지우고 싶은 시간, 가장 고통스러웠던 순간, 가장 어두웠던 그때에서 나를 찾았고, 꿈을 찾았고, 삶을 찾았다. 707 전역 후 방황하면서 보냈던 그 지옥 같은 3년이 없었더라면 현재의 나는 아마 존재하지 않았으리라.

만약 다시 그때로 돌아간다면 지금은 또 어떤 모습으로 변해 있을까? 굳이 겪지 않아도 될 고통과 후회를 남기지 않기 위해 곧바로 꿈에 도전했을까? 도전했다면 과연 지금과 같이 '경찰특공대 합격'이라는 큰 꿈을 이룰 수 있었을까? 무엇보다 경찰특공대 합격 후 지금과 같은 놀라운 성과를 거둘 수 있었을까?

끝도 없는 모든 질문에 대한 답은 단 하나, 바로 '아니다!' 이다.

만약 저러했다면 나는 '위기가 곧 기회'라는 깨달음을 얻지 못했을 것이며, 나의 무기들 또한 일절 남지 않았을 것이다. 그러니까 그때, 그 시간, 그 사람들, 그 운동화, 그 허들, 그 달리기, 그 모래주머니… 등등이 모두 정확히 맞아떨어져 나를 합격의 길로 인도했을 것이라 보장할 수 없을 것이다. 어쩌면 3년, 아니 더 많은 시간을 보내고서야 간신히 합격했을지도 모른다.

그래서 당신에게 꼭 해주고 싶은 말이 있다. 당신 그리고 나는 절대 우연히 만들어진 존재가 아니며, 그 누구도 대체할 수 없는 단 하나뿐인 존재라는 사실이다.

다시 한 번 나를 보라! 대한민국 최고의 약골이었고, 아내와 두 딸을 고통과 시련으로 몰아넣었던 나였다. 그리고 가장 잊고 싶던 흑역사를 가장 소중한 추억으로 바꾸어낸 지금의 나를 보라! 3년간의 방황을 끝내고 꿈을 이루어낸 현재의 나를 보라! 이것이 바로 나다! 다른 누구와도 대체할 수 없는 '진짜 나'인 것이다!

이 사실은 당신과 내가 얼마나 소중한 존재인지를 알게 해준다. 따라서 '나'라는 존재가 단 하나뿐이라는 사실과 누구도 '내가' 될 수는 없다는 사실을 반드시 기억하고, 이런 '나' 자신에 대해 자부심을 가져야 한다. 즉, 다른 누구의

당신만의 '가치 있는 신념'을 가져라!

것과도 비교조차 할 수 없는 '나'만의 가치와 신념을 가지고 있어야 하는 것이다.

자신만이 추구하는 가치와 신념이 없다면, 언젠가 자기도 모르는 사이에 타인의 삶을 살아가고 있는 자신과 마주하게 될 것이다. 그리고 결국 자신을 잃어버리고 다른 이의 삶의 조연으로 전락해버리고 말 것이다.

세상에 하나뿐인 나

나는 진정 바라던 꿈인 경찰특공대 입성을 실현했다. 34세라는 늦은 나이에 이룬 꿈이었다. 내 일상도 이미 삶을 대하는 변화된 자세가 지배하고 있었기에, 하루하루 일어나는 모든 일들에 감사할 정도로 행복하기만 했다. 물론 경찰특공대원으로서 새롭게 시작될 내 일상이 더욱 기대되고 기다려졌는데, 그 기대와 기다림은 나 혼자만의 것은 아니었던 모양이다. '나이 많은 신임 요원' 그리고 '특전사 대위 출신 후배'라는 이슈는 이미 내가 들어오기 전부터 선배들의 가장 큰 관심사였다. '과연 잘 적응할 수 있을지? 나이도 많아서 뭐 시키기도 부담스럽다. 불편할 것 같다' 등의 반응도 있었다고 한다. 아직 나라는 인간을 만나보지 않았으니, 이런 반응이 어찌보면 당연한 일이기는 했다.

이런 이유 때문인지 이전부터 "특공대에 들어가면 3년 벙어리, 3년 귀머거리로 살아라"는 말이 신임들에게 널리 알려져 있었다. 이는 누구보다도 자부심이 강한 특공대의 선배들을 두고 하는 말이었다. 그러니까 신임은 말하고 싶은 게 있어도 참을 줄 알아야 하며, 어떤 말을 들어도 흘려들으면서 마음을 강하게 먹어야 한다는 뜻이다. 이런 선배들에게 아무것도 모르는 신임이 자신의 주장을 고집하는 건 '건방이 하늘을 찌르는구나!' 같은 비아냥거림만 들을 정도의

당신만의 '가치 있는 신념'을 가져라!

무모한 행동이었다. 특히나 '늙은 중고 신임'인 내 경우에는 더더욱 상상할 수조차 없는 끔찍한 일이었다.

오히려 이러한 사실은 나에 대한 선배들의 부담 섞인 관심과 우려를 바꿀 수 있는 자극제가 되었다. 나는 '위기가 곧 기회다!'라는 생각을 품고서 '나 자신을 낮추고, 언제나 한결같은 자세로 살아가는, 성실한 사람이 되어야겠다!'고 다짐했다. 한마디로 '예스맨(Yes-Mam)'이 되기로 결심한 것이다. 그리고 이는 현명한 선택이었다. 나는 선배들이 시키는 일이 있으면 어떠한 토도 달지 않고 바로 행했다. 모든 걸 처음부터 다시 배운다는 자세로 말이다. 물론 삶을 대하는 자세가 변화되어서일까? 정말 어려운 게 하나도 없었다. 말 그대로 '시키는 일만 잘 해내면 되는 것'이었다.

사실 경찰특공대에 오기 전 오랫동안 리더의 자리에서 임무를 수행하면서 신경을 써야 할 것이 너무나 많았다. 어떤 일이 주어지자마자 구체적인 계획을 세워야 했으며, 머릿속으로 워게임을 실시해보면서 혹시나 현장에서 일어날지도 모를 우발적인 요소를 찾아내야 했다. 또한 '어떻게 해야 주어진 목표를 달성할 수 있을까?' 고심해야 했으며, 무엇보다도 팀이 하나가 될 수 있도록 팀원들을 일일이 신경

써야 했다.

하지만 지금은 다르다. 그냥 시키는 것만 완벽히 해내면 그만이다. 신경써야 할 어떠한 책임도 내게 주어지지 않고, 그저 내게 주어진 일들만 묵묵히 해내면 되는 것이다. 한마디로 '아무것도 생각할 필요가 없었다.' 그러던 중 문득 이런 생각을 하게 되는 계기가 생겼다.

"생각이 가치와 신념을 만든다. 그 가치와 신념이 바로 나라는 존재를 탄생시킨다."

그렇다! 자신이 추구하는 가치와 신념을 잃어버리면, 나라는 존재도 사라진다. 그러니까 '생각하지 않는다'는 것이 쉽고 평온한 일상을 가져다준 것은 사실이지만, 난 그보다 더 중요한 가치를 점점 잃어가고 있었던 것이다.

선배들의 인정을 한몸에 받으며 평온한 일상이 내 삶을 지배하던 어느 날, 선배 한 명이 문득 내게 이런 질문을 했다.

"광철아! 오늘 점심은 니가 좋아하는 걸로 정해봐. 뭐 좋아하니?"

이 사소한 질문에 갑자기 멍해졌다. 항상 선배들이 하자는 대로, 시키는 대로만 했기에, 선배들이 좋아하는 메뉴는

당신만의 '가치 있는 신념'을 가져라!

머릿속에 가득했지만, 정작 내가 좋아하던 게 뭔지 생각나지 않았던 것이다. 나 자신도 모르는 사이에 나를 잃은 것이다. 이전까지 내가 추구했던 가치와 신념이 사라져버리고, 선배들이 추구하는 가치와 신념에 따라 선배들의 삶을 대신 살고 있었던 것이다. 내 삶은 없었고, 다른 이들의 삶만이 남아 있었다. 아무 생각도 하지 않고 그냥 시키는 것만 잘해오면서 누린 그 평온함이 나를 이리로 내몬 것이다. 오직 인간만이 할 수 있다는 '생각'이 얼마나 중요한 것인지를 절실히 깨우쳤다. 이 순간 나는 결심했다.

'그 무엇보다도 소중한 나를 되찾아야 한다! 어떻게 해야 할까?'

가장 먼저 그동안 멈춰 있던 '생각'이라는 걸 해야만 했다. 그래서 무엇이든 생각해내기 시작했다. 예를 들어, 선배들이 어떤 일을 시키면 이런 생각을 하는 식이다.

'만약 나였으면 이 방법보다는 저 방법을 선택했을 텐데…. 나중에 난 저 방법으로 해봐야겠다. 하지만 지금은 일단 선배가 시키는 대로 해보자!'

이렇듯 생각하는 습관이 나를 점차 존재하게 해주었다.

그렇다! 나는 나다. 물론 누구나 서서히 개인주의자가 되어가는 세상에서 모두가 공존할 수 있도록 서로를 배려해야 하는 건 당연하지만, 타인들을 지나치게 배려하느라 나를 잃는 일이 발생해선 안 된다. 어차피 누구보다 중요한 건 바로 나 자신이다. 아무도 내 인생을 대신 살아주지는 않는다. 내 인생을 책임지는 건 바로 나 자신임을 잊어서는 안 된다.

무엇보다 가족의 행복을 최고의 가치로 여기며, 항상 긍정적이고 열정적인 나!

할 거면 제대로 하고, 쉴 거면 하던 일을 쳐다보지도 않는 나!

결정적인 순간에 나만의 신념으로 올바른 판단을 내릴 수 있는 나!

그게 바로 누구도 대체할 수 없는 나였던 것이다.

경찰특공대에 합격한 뒤 옛 부대인 707을 방문했을 때의 일이다. 모두가 진심으로 축하해주고 응원해주는 자리에서 함께 근무했던 선배 장교가 내게 이런 말을 했다.

"쪽팔리게 대위로 전역해서 고작 순경으로 가냐? 창피하다! 어디 가서 내 후배라고 하지 마라!"

예전 같았으면 정말 화를 내며 문을 박차고 나갔을 것이다. 하지만 난 예전의 나가 아니었다. 더이상 다른 사람들의

당신만의 '가치 있는 신념'을 가져라!

시선 따위는 신경쓰지도 않는 나다. 진정 원하는 일을 하고 있으며, 나만의 행복에 대한 신념을 가지고서 하루하루를 살아간다. 내 인생을 내가 산다는 사실에 그저 감사할 따름이었다.

그러니 당신도 생각해야 한다. 생각이 가치와 신념을 만든다. 그리고 당신만의 가치와 신념으로 당신 자신의 인생을 살아야 한다. 다른 누구의 삶도 아닌 당신의 삶을 말이다.

모든 특공대원들은 자부심이 강하다. 심지어 '개개인의 자부심이 너무 지나친 것 아니냐?'고 지적당할 정도다. 하지만 나는 그 주장에 절대 동의하지 않는다. '특공대원들은 자부심이 강한 만큼 자신만의 확실한 가치와 신념으로 멋진 삶을 살아가고 있다'는 사실을 반증하기 때문이다. 그리고 그러한 가치와 신념은 결정적인 순간에 빛을 발해왔다.

자, 그럼 이제 당신에게 질문해보겠다.

지금 당신에게는 당신만의 가치와 신념이 있는가?

작은 성취감이
한계의
시작점이다.

　내가 아주 어렸을 적부터 부모님과 주변 어르신들이 입버릇처럼 하시는 말씀이 있다.

　"꿈은 항상 크게 가져야 한다. 그래야 아주 훌륭한 사람이 될 수 있어! 큰 꿈을 꿔야 더 큰 사람이 되는 거야!"

　맞는 말이다. 무엇이든 생각하는 대로, 말하는 대로 이루어지니까. 이 때문이었을까? 다소 허황된 꿈일지라도 마음이라도 편하도록 크게 질러놓고 보는 것이 예전 내 모습이 아니었을까 싶다.

　어쨌든 좋다. 만족스러운 큰 꿈을 이루기 위한 원대한 목표를 세웠다. 그리고 이를 위한 구체적인 계획도 완벽하게 짰다. 하지만 모든 게 언제나 계획대로 이루어지는 건 아니다. 계획 자체가 처음부터 틀어지거나, 무엇보다 지금 마주하는 현실에 굴복해야 할 때도 많기 때문이다.

문제는 그 실패와 좌절감으로 인해 넘어졌을 때 다시 일어서지 못하는 경우다. 즉, '현실'이라는 장애물을 이겨내지 못하고 주저앉았을 때, 다시 도전하기를 포기해버리고 마는 게 결정적인 문제인 것이다. 큰 목표를 이루려면 작은 성취감부터 경험해봐야 한다. 그런데 지나치게 큰 목표에만 집중하면 결국 '현실'이라는 장애물을 이겨내지 못한 채 방구석에 주저앉아버리게 된다.

사람은 누구나 원대한 목표를 달성하는 걸 원한다. 물론 원대한 목표가 더 큰 동기를 부여해주는 건 사실이지만, 우리는 그동안 이 원대한 목표를 이루는 데 필요한 작은 목표들이 가지고 있는 엄청난 힘을 간과해왔다. 아무것도 아닌 듯 보이는 이 작은 목표들이 실로 엄청난 힘을 가지고 있음에도 불구하고 말이다.

아주 작은 것이라도 좋다. 그러니 지금부터라도 '내가 해냈다!'는 성취감을 얻기 위해서 도전해보라! 예를 들어, 하루에 책 한 페이지씩 읽기, 자기 전에 기도하기, 팔 굽혀 펴기 한 개 하기… 등등 어떤 것이든 좋다. 절대로 실패할 수 없는 '아주 쉬운 것'부터 성취해보는 것이다. 너무 시시하다고 생각하는가? 다시 말하지만 중요한 건 '당신이 계획한 걸 성취했다는 사실'이다. 이거면 충분하다. 이 작은 성취감들이 하나하나 쌓이면서 당신도 모르는 사이에 당신 안에서 강력한 무기로 완성될 것이다. 그리고 이 작은 성취감들이 완성한 강력한 무기가 당신이 보다 큰 목표에 도전하였을 때 당신이 그 일을 끝까지 이루어낼 수 있도록 충분한 에너지를 공급해줄 것이다.

이보다 중요한 사실이 하나 더 있다.

당신이 원하는 목표를 달성하는 데 실패했는가? 그래서 당신이 좌절감에 휩싸여 자책하면서 주저앉아 있다면 이 작은 성취감들이 당신을 다시 일어날 수 있도록 도와준다는 사실이다. 즉, 당신의 마음속에 작은 성취감들이 쌓여 있다면 당신은 다시 일어날 수 있다. 아니, 일어서게 될 것이다. 아무것도 아닌 듯 가볍게 툭툭 털어버리고 다시 일어설 수 있는 이 놀라운 능력이 바로 이 작은 성취감에서 시작되기 때문이다.

그러면 우리 특수 요원들의 일상을 잠시 들여다보자.

특수 요원들은 대한민국과 국민들의 안전을 위한 최후의 보루로서, 즉 가장 위험한 순간에 가장 중요한 임무를 수행

작은 성취감이 한계의 시작점이다.

하기 위해서 작전 지역에 긴급 투입된다. 작전 요원인 나를 비롯한 누군가들의 생명이 달린 임무이기에 '작전 실패'는 곧 누군가의 죽음으로 이어질 수 있는 심각한 상황이 된다.

이러한 작전 요원들의 헌신적인 노력에도 불구하고 작전이 실패했다. 좌절감과 죄책감으로 인해 모두가 무척이나 힘들고 고통스러워한다. 어떤 이들은 트라우마를 극복하지 못하고 정신과 치료를 받는 등 누구보다도 큰 시련을 겪기도 한다. 몸도 마음도 도저히 다시 일어날 수 없을 정도로 완전히 지쳐버린 것이다.

시간이 얼마나 지났을까? 누군가가 운동장을 미친듯이 뛰고 있다. 사격장은 하얀 화약 연기로 가득 차 있다. 온몸에 땀을 뒤집어쓴 작전 요원들이 하나둘 모습을 드러낸다. 분명 도저히 회복 불가능할 정도로 낙심하고 좌절해 있던 요원들인데, 무엇이 이들을 다시 일어서게 한 것일까? 생존이 걸린 절박함 때문인지도 모르겠다.

무엇보다 크고 중대한 목표를 잃었기에 완전히 좌절했지만, 이들은 지금 다시 일어나 새로운 도전을 하고 있다. 그동안 목표를 이루기 위해 조금씩 쌓아왔던 작은 성취감들이 이들을 다시 일으켜 세운 것이다. 그러한 작은 성취감들은 언제 어떻게 쌓아두었냐고?

모든 작전 요원들은 단 한 번의 임무를 성공시키기 위해 평상시에도 체력, 사격, 레펠, 내부 소탕 등 다양한 훈련을 이겨내며 한계에 도전해왔다. 이 하나하나의 과정을 이루어내며 얻었던 작은 성취감들이 이들을 성장시킨 것이다. 그리고 바로 그 작은 성취감들이 다음 작전을 위한 '실패를 이겨내며 지속할 수 있는 에너지'를 선물해준 것이다.

큰 꿈과 목표! 물론 너무나 중요하다. 하지만 이를 달성하는 데 실패했을 경우 다시 일어나 도전할 수 있는 에너지가 없다면 당신은 결국 아무것도 이루어내지 못할 것이다.

작은 목표들을 성취하면서 자신의 신념을 강화시키고, 더 큰 자신감을 무기로 삼아서 다시 목표를 향해 도전해야 한다. 당신의 도전이 끝나지 않는 한 이 작은 목표들은 당신이 진정 달성하기를 원하는 원대한 목표를 반드시 이루게 할 것이니 말이다.

그러니 작은 것부터 성취해보라! 작은 기쁨들을 조금씩 느껴보라! 아침에 일어나 1분간 명상해보는 것도 좋다. 아주 사소한 일부터, 지금 할 수 있는 작은 일부터 시작하는 게 중요하다. 그렇게 계속 경험할 성취감이 분명 강력한 무기를 만들어낼 것이다.

작은 성취감이 한계의 시작점이다.

그리고 마침내 작은 성취감들이 당신을 오뚝이처럼 일으켜 세워 결국 당신이 진정 달성하기를 원하는 꿈을 이루도록 도와줄 것이다. 믿어라! 그리고 상상하라! 작은 성취감들을 통해 마침내 꿈을 이루어낸 당신의 모습을 말이다.

매 순간 최선을 다하는 요원들

'착한 또라이'가
되라!

매년 2월이면 지구대에서 1년간의 실습을 마치고 그토록 바랐던 꿈의 무대에 입성하는 따끈따끈한 경찰특공대 신임들이 전입을 온다.

요즘 신임들은 모두가 하나같이 잘생겼고, 조각 같은 몸을 가지고 있다. 그리고 합격하는 나이 또한 점점 낮아지고 있다. 그냥 한번 딱 봤을 때는 풋풋한 대학생 정도의 느낌인데, 알고 보면 엄청난 신체 능력의 소유자라니…. 이러한 반전 매력이 이들을 더 멋지게 만든다. 이 때문인지 이 시기가 올 때면 '나도 이런 신임일 때가 있었는데…' 하는 아쉬움이 생기곤 하지만, 반전 매력 같은 건 없는 늙다리 신임으로 굳이 돌아가고 싶지는 않다.

반면에 선배들은 조급해진다. 언제, 어디서, 어떤 사건·사고가 터질지 모르는데, 신임들이 제몫을 해주길 기다리느라 출동을 안 할 수는 없기 때문이다. 물론 전입교육이 있어 기본적인 전술 능력을 갖추기는 하지만, 그건 말 그대로 기본일 뿐이다. 팀원 모두가 서로 신뢰하며 함께 임무를 완수하려면 얼른 선배들의 수준까지 전술 능력을 끌어올려야만 한다.

특히나 후배 양성에 큰 의미를 두는 나는 하루라도 빨리 이들을 최고 요원으로 만들 생각에 몸이 근질거려 참을 수가 없다. 하지만 아무리 급하더라도 매년 신임들이 올 때마다 본격적인 교육에 앞서 가장 먼저 전하는 말이 있다. 바로 "'착한 또라이'가 되라!"는 것이다. 대테러 역량을 강화시키기 위한 어떠한 전술 훈련도 이 말보다 중요할 수는 없다. 신임들을 어설픈 풋내기에서 진정한 전술 요원으로 만드는 마법이 바로 이 마음가짐에서 시작되기 때문이다.

누군가의 소중한 아들이거나 딸인 이들은 그토록 간절한 꿈을 이루어냈다. 하지만 단지 경찰특공대의 모든 걸 처음 경험해보는 '신임'이라는 이유만으로 위축되어 있다. 또 뭘 그리 잘못했는지 매사에 "죄송합니다! 잘하겠습니다!"로 일관한다. 주눅들어 기어들어가는 목소리부터 표정까지…. 합격했을 당시의 그 패기와 자신감이 완전히 사라져버린 것이다.

왜냐고? 말 그대로 '신임이기 때문'이다.

나는 대한민국 최고의 경찰특공대 전술 요원으로서의 자질을 증명한 이들의 이런 모습이 너무 싫다. 너무나도 안타까운 이런 모습을 보면서 나는 감히 처음 보는 이들에게 "또라이가 되라!"라고 건방을 떤다. 내가 말하는 '또라이'는 우리가 흔히 떠올리는 나쁜 의미의 또라이가 아니다. 신임답게 패기 있고, 어디서나 자신감 넘치고, 당당한 '착한 또라이'가 되라는 말이다.

누구든지 처음부터 잘할 수는 없다. 오히려 처음이라 모르는 것이 당연하지 않은가! 즉, 내가 말한 또라이는 모든 일을 적극적으로 먼저 나서서 배우려는 마음가짐을 가진 신임을 말한다. 그러니까 이런 마음가짐을 가진 또라이가 되라는 뜻이다.

"잘 모르겠지만, 제가 해보겠습니다! 저에게 시켜주십시오! 알아보겠습니다!"

이렇듯 신임다운 패기와 열정으로 선배들에게 그냥 막 들이대었으면 좋겠다. 선배들의 질책에 주눅 들지 말고, 오히려 더 밝고 활기차게, 마치 또라이처럼 말이다. 이런 후배들을 보고 마다할 선배는 없다. 오히려 선배들은 기분 좋게 이런 말을 하며 적극적으로 도와줄 것이다.

"이거 완전 또라이네, 하하하! 아주 좋아! 한번 해봐라!"

지금에 와서 하는 말이지만, 나는 완전 또라이였다. 이렇게 된 건 모든 것에 감사하는 변화된 삶의 자세로 모든 일상이 바뀌었기 때문이다. 이로 인해 지금은 누구보다도 행복한 일상을 만끽하고 있다. 내 주변은 행복한 사람들로 가득하며, 웃음과 이야기가 끊이질 않는다. 나는 선배들의 신뢰를 받는 후배이고, 후배들로부터는 존경을 받는 선배가 되었다. 어떠한 목표든 원하기만 하면 이루어냈고, 시기·질투 대신 모두의 박수를 받으며 진정한 특수 요원으로 성장한 것이다. 다른 사람의 기적을 말하는 것이 아니다. 이 경험 모두 내가 직접 겪은 것이지만, 누구든지 마음만 먹으면 이루어낼 수 있는, 즉 당신의 경험이 될 수도 있다.

또한 이는 당연히 특수부대만의 이야기도 아니다. 가정, 직장, 모임 등 당신이 있는 어느 곳에서든 가능한 '기적'이다. 이것이 내가 이 책의 마지막 장에서 당신에게 꼭 전하고 싶은 이야기다.

나는 이 이야기가 특수부대는 물론 현재 우리가 살아가는 세상에서 보다 현명하게 살아갈 수 있도록 도와줄 지혜가 되리라 확신한다. 그래서 지금까지 보고, 듣고, 느꼈던 다양한 특수부대들에서의 경험을 토대로 진짜 또라이가 되는 데 필요한 엄청난 무기들을 찾아낸 것이다. 그리고 이제 당신 앞에서 어디서든 자신 있고 당당하며, 무엇이든 이루어낼 수 있게 해줄 이 엄청난 무기들을 꺼내서 보여주고자 한다.

혹시 진정한 또라이가 되는 게 겁나는가? 겁낼 필요 없다. 한번 되어보라! 처음이 어렵지, 한번 미쳐보면 일상이 그리고 인생이 달라진다. 어차피 한 번 사는 인생이다. 용기를 내어보라! 자신감 넘치고 당당하게 삶에 도전해보는 것이다!

자, 그럼 생각만이 아닌 행동으로 다음과 같은 무기들을 내 삶에 하나하나 장착해보자!

1. 이왕 할 거면 제대로 하고, 확실하게 보여주어라!

어차피 해야 할 일, 이왕 하게 된 일이라면 누구에게 어떤 다른 말도 나오지 않게끔 완벽히 처리하라는 것이다. 물론 하기 싫은 일을 한다는 게 쉬운 건 아니지만, 조금만 다르게 생각해보면 그리 어렵지도 않다. 정작 하고 나서도 욕을 먹거나 다시 해야 한다면 그보다 더 짜증나는 일도 없기 때문이다. 결국 마음자세에 달렸다. 내가 행복하기로 마음

'착한 또라이'가 되라!

먹으면 행복해지는 것이고, 내가 짜증이 나는 것 또한 내가 짜증내기를 선택했기 때문이다. 결국 모든 건 내가 어떻게 마음먹느냐에 달렸다.

그러니 이왕 할 거면 제대로 하라! 더 확실하고 말끔하게 처리해보라! 하나를 시키면 둘 이상을 해내는 걸 보고 어찌 신뢰하지 않겠는가! 입장을 바꿔 조금만 생각해보면 이해하기 쉬울 것이다. 신뢰 또한 바로 당신이 만드는 것임을 말이다. 그러니 완벽함으로 최고의 신뢰를 구축하라!

2. 일단 해보면 누구나 할 수 있다.

상상하지 말라! 생각만 하지 말라! 하기로 마음먹었다면 일단 해보라는 것이다. 시작은 반이 아닌 전부라 해도 과언이 아니다. 우선 시작만 하면 누구든 할 수 있으며, 또 누구보다 잘할 수 있다.

자신감이 중요하다. 두려워하지 말고 도전하라! 안될 거라고? 무슨 걱정이 그리 많은가! 모두가 두려워하는 특수부대에서 대한민국 최고 약골도 이렇게 해냈다. 더이상 무슨 말이 필요한가! 특수부대도 사람이 사는 곳이고, 사람사는 곳에서는 어떻게든 사람이 살아가게 되어 있다.

"나도 해봤어요! 나도 처음엔 그렇게 마음먹고 도전해봤다고요! 그런데도 안 된 거라고요!"

이렇게 말하고 싶은가? 절박한 상황에서 누구보다 간절한 마음을 품고 도전해봤는데도 안되더라고 반박하고 싶은가? 나도 나중에 꿈을 이루고 성공하게 되면, 이런 말 정도는 얼마든지 할 수 있다면서 말이다. 아니다! 나는 실제로 이렇게 했고, 또 이렇게 해서 일어났다. 그러니 믿어야 한다. 누구보다 자신을 믿고 일단 시작해보라! 당신이 포기하지만 않는다면 어떻게든 이루어낼 수 있다. 그리고 안되면? 그럼 다시 시작하라! 처음부터 다시 시작하라! 그리고 두려워하지 말라! 성공은 이미 당신의 것이다. 오히려 아무것도 하지 않으면 아무 일도 일어나지 않는다. 그러니 일단 해보라! 당신은 뭐든지 할 수 있고, 뭐든지 해낼 수 있다.

3. 절대로 자만하지 말라!

항상 겸손해야 한다. '뛰는 놈 위에는 언제나 나는 놈이 있다'는 사실을 결코 잊어서는 안 된다. 이 세상에 영원한 건 없다. 특히 특수부대의 상징과도 같은 엄청난 몸과 체력은 더더욱 그렇다. 그래서 특수 요원들은 자기 몸을 소중히 다룬다. 자기 몸이 자신을 지키고 대한민국 국민들을 지키기 위한 국가의 몸임을 알기 때문이다.

'착한 또라이'가 되라!

내가 중요한 대회 때마다 꺼내 입는 소중한 반바지가 있다. 그 반바지의 오른쪽에는 이러한 문구가 적혀 있다.

"자만하지 마라!"

그리고 이것이 내가 지금까지 단 한 번도 포기하지 않고 2킬로미터 달리기를 7분 안에 돌파할 수 있는 이유, 종아리가 터지면서도 끝까지 뛰는 이유다. 이는 내가 잘나서도, 뛰어나서도 아니다. 단지 내가 특수부대에 존재하고 있기 때문이다. 그래서 끝까지 최선을 다하려는 것이다. 사실 지금의 나조차 영원할 수는 없기에, 이렇게 존재하는 순간을 즐기면서 겸손해지도록 노력하는 것이다.

강조하건데 자만은 언제라도 당신을 무너뜨릴 수 있는 가장 위험한 적이다. 그러니 주어진 자리에서 겸손하게 최선을 다하면서 행복을 만끽하라!

4. '굳이'의 원칙

좋은 말을 해도 모자를 판에 '굳이' 조언한답시고 상대방을 기분 나쁘게 만들 필요가 없다.

사실 기분 좋은 말로 칭찬할 시간도 부족하지 않은가. 그러니 '굳이' 하지 않아도 될 말과 행동으로 상대방과의 관계를 어색하게 만들 필요가 없다. 좋은 말도 계속 들으면 질리게 마련인데, 나쁜 말은 오죽하겠는가! 누가 듣고 싶겠는가!

그러니 조언한답시고 상대방의 기분을 '굳이' 나쁘게 하지 말라! 그리고 항상 긍정적인 말과 활력 있는 모습으로 행복 바이러스를 전달하라! 그리고 실천하라! 좋은 말과 칭찬은 반드시 다시 돌아오게 되어 있다. '굳이' 조언이라는 걸 하고 싶다면, '굳이' 해야겠다면, 그러기 전에 좋은 말과 좋은 행동으로 모두의 귀감이 되라!

5. '다름'을 인정하라!

모든 사람이 나를 좋아할 수는 없다. 이런 평범한 사실을 알지 못해서 인간관계로 힘들어하는 사람을 볼 때 꼭 해주는 말이 있다.

"자신과 성향도 잘 맞고, 함께하면 즐겁고 기분 좋은 사람과 지낼 시간도 부족한데, 굳이 그렇지 않은 사람과 잘 지내려고 시간을 낭비하지 말라! 그 시간에 좋은 사람들과 더 행복하게, 더 재밌게 지내라!"

그렇다! 모두가 다르기 때문에 더 재미있는 세상이 만들어지는 것이다. 그래서 '다름'을 인정하면 일상이 쉬워진다.

모두에게 좋은 사람으로 남기를 원하는가? 그건 당신의 욕심이다. 그리고 분명 그것이 당신을 힘들게 할 것이다. 그러니 '다름'을 인정하고, 당신이 사랑하는 사람들과 더 좋은 시간을 더 많이 보내라! 평온한 당신을 발견하리라.

6. 나 자신은 내가 지킨다!

결과에 대해서는 아무도 책임져주지 않는다. 내가 해야 할 일을 그 누구도 대신해주지 않는다. 그런데 나는 '나만 잘하면 모든 게 다 잘될 줄' 알았던 적이 있다. 또한 누군가가 내 인생을 보장해줄 것만 같았던 순간도 있다. 참으로 어리석었고 가장 후회스러운 시절이다. 그래서 다짐했다.

"사람을 믿지 말자! 오로지 나 자신만 믿자!"

내 것만 잘하자는 게 아니다. 남에게 피해를 주는 이기적인 사람이 되지 말자는 것이다. 특히 특수부대의 임무 성격상 나 하나로 인해 팀 전체가 위험에 빠지기도 하며, 최악의 상황에서는 나 때문에 다른 사람의 생명까지 위협 받을 수 있다. 그렇기 때문에 본인이 지고 있는 책임에 대해 최선을 다해야 한다.

사실 한계에 봉착하면 나 자신만 챙기는 것도 버겁다. 그렇기에 한계의 상황에서 다른 사람들까지 챙긴다는 것은 매우 어려운 일이다. 따라서 이러한 상황일수록 내 것이라도 잘 해낼 수 있도록 노력해야 한다. 그래야 어떤 임무라도 완수해낼 수가 있기 때문이다. 이것이 특수 요원들이 매일 한계에 도전하는 이유다. 그 누구도 아닌 바로 자기 자신을 지켜내기 위해서 말이다.

그러니 당신도 당신 자신을 믿고, 당신 자신을 사랑하며, 당신 자신을 지켜라! 아무도 당신의 인생을 책임져주지 않는다. 당신의 인생은 오로지 당신의 것임을 기억하라!

당신도 해낼 수 있다!

'착한 또라이'가 되라!

자신이 원하는,
자신만의 행복의 가치를 추구하라!

당신에게 전하고 싶었던 모든 걸 다 전했다. 이제 남은 건 '당신의 선택'이다. 즉, 이후의 모든 선택은 전적으로 당신에게 달려 있다. 당신의 선택으로 당신의 꿈과 인생이 달라진다. 그리고 그 책임 또한 당신에게 있음을 인정해야 한다.

자신을 냉정하게 돌아보라! 아주 객관적으로 말이다. 자신이 지금껏 어떻게 살아왔는지를 냉정하게 평가해야 한다. 냉정함만이 자신을 정확하게 파악할 수 있는 가장 현명한 지혜이기 때문이다.

이 책의 원고를 읽어준 누군가가 내게 말했다.

"팀장님! 원래 못하는 게 하나도 없으시면서, 일부러 너무 겸손 떠시는 거 아닙니까?"

조금 재수 없게 들릴지 모르지만, 사실 지금의 나는 못하는 것이 하나도 없다. 전술 능력은 물론이며, 업무 능력, 대인관계까지… 정확히 말하자면 '못할 수가 없다.' 내가 존재할 수 있게 해주는 강력한 무기인 '뭐든지 해낼 수 있다!'는 긍정적인 마음자세와 자신감이 언제나 함께하기 때문이다. 그리고 무엇보다 '포기하지만 않으면 불가능은 없다!'와 같은 한계를 대하는 마음자세로 '안 되면 될 때까지' 도전하니까 못할 수가 없다.

하지만 당신이 반드시 알아주었으면 하는 분명한 사실이 있다. 지금의 나라는 존재는 결코 그냥 만들어진 것이 아니라는 점이다. 정말 '평범함 이하'였던 내가 어디서든 인정받는 최고의 특수 요원이 되기까지 겪었던 수많은 경험들이 지금의 나를 존재하게 만든 것이다.

이에 더하여 나를 찾기 위한 과거로의 여행, 내가 가지고 있는 놀라운 달란트(잠재력/재능)를 발견할 수 있게 해준 깨달음, 그리고 잠재력을 활용하여 꿈에 그리던 경찰특공대 입대라는 기적과도 같은 삶의 변화 이야기를 통해 이 책을 읽는 누구나 '나도 해낼 수 있다!'라는 희망을 가지게 되었으리라.

어쩌면 누군가에게는 계속 꿈이었던 것이, 나에게는 지금 내가 살아가고 있는 현실이 되었다. 이렇듯 당신도 수없이 꿈꿔왔던 그 꿈을 이제는 현실로 만들어야 한다. 이를 위해 당신의 달란트를 냉정하게 파악한 뒤, 당신이 진정으로 원하는 목표를 달성해보라! 그리고 행복을 만끽하라! 더 행복해지기를 선택하라! 그리고 선택했다면, 그 선택을 따르라! 행동해야만 한다. 행동으로 논리를 대변하고, 결과로 과정을 입증해보라! 당신의 일상이 바뀌고, 삶이 바뀌고, 인생이 바뀌는 걸 경험하리라!

지금 나는 '믿음의 사람들'과 함께하고 있다. 어떤 어려움이 생기더라도 언제나 내 옆에서 나를 응원해주는 사람들이다. 나는 어떤 상황에서도 긍정적인 이들과 함께하면서 에너지를 얻고, 이들을 통해 더욱 성장한다. 이들의 믿음을 통해 함께 성장해가고 있는 것이다. 이 얼마나 감사해야 할 일인가! 하루하루가 즐겁고 행복한 이유가 바로 이분들 덕분이다. 이 자리를 빌어 지금까지 나와 함께해주신 모든 분들께 진심으로 감사의 마음을 전한다. 항상 새롭게 시작되는 오늘을 당신과 함께할 수 있다는 사실이 내게 엄청난 축복임을 매 순간 깨닫고 있다고 말씀드리면서….

그리고 이 책을 읽고 있는 당신에게도 항상 좋은 사람들과 좋은 일들이 가득하리라 확신하며, 진심을 다해 당신을 축복한다.

내 경험담을 담은 이 짧은 글이 누군가에게 희망이 되고, 열정이 되기를 기도한다. 또 이 책을 통해서 단 한 사람이라도 자신의 달란트를 파악하고, 진정 소망하는 꿈을 이루기를 진심을 다해 응원한다. 그리고 그 과정에서 이 사실 하나만은 꼭 기억해주기를 바란다.

"이 책의 저자가 해냈다면, 나 또한 해낼 수 있다!"

가족, 변화, 행동, 꾸준함, 대범함, 성장, 긍정, 열정, 건강, 감사, 사랑, 봉사, 성공, 명예, 돈… 등등, 이 수많은 가치들 중에서 무엇이 있으면 당신은 행복해지겠는가? 다시 한 번 생각해보라.

하나님에게서 받은 달란트의 양이 제각각이듯, 추구하는 가치도 제각각이다. 어떤 이에게는 사회적 명예가, 또 어떤 이에게는 돈이 가장 큰 행복의 조건이며 최고의 가치일 수 있다. 또 어떤 이에게는 가족이나 나눔·봉사가 무엇보다 중요한 가치일 수 있다.

어떤 가치를 선택해도 좋다. 단, 다른 누구도 아닌, 바로 당신 자신이 원하는, 당신 자신만의 행복을 위한 가치를 추구하라! 다른 이들의 삶을 뒤쫓지도 말고, 다른 이들이 추구하는 가치를 뒤로 하라! 당신의 소중한 인생을 만들어줄 당신만의 가치를 찾고, 그 가치를 향해 전진하라!

나는 꿈을 이루었고, 그 이후에는 변화된 삶의 자세로 기적적인 일상을 살아가고 있다. 그리고 이제는 이 기적을 나만이 아닌 당신에게도 선물하고자 한다. '기적은 이루어지기 위해 존재한다'는 사실을 잊지 말라! 그리고 이미 당신은 기적을 경험했다. 당신이 태어난 것 자체가 바로 기적이기 때문이다.

당신이 이 책에서 배운 모든 전략이 당신을 기적으로 인도하리라 확신한다. 그리고 당신 또한 다른 이에게 이 선한 영향력을 나누어준다면 나는 더할 나위 없는 행복을 느낄 것이다.

이제 모든 선택을 당신에게 넘기겠다. 달란트를 찾고, 꿈을 이루어내라! 하나님의 넘쳐나는 축복이 당신과 함께하기를 기도한다.

마지막으로 지금 이 시간에도 자신의 한계에 도전하며,

그 한계를 이겨내기 위해 온몸을 바치고 있을 모든 특수부대 요원들에게.

항상 건강하기를, 그리고 더 행복하기를 간절히 바란다! 그대들이 있기에 대한민국이 있고, 우리 국민들, 나아가 우리의 가족 모두가 안전함을 기억하며…, 그대들의 멋진 꿈을 언제나 응원하겠다.

원하는 모든 것을 이루어내게 하는 힘

슈퍼멘탈

2023. 1. 5. 초 판 1쇄 인쇄
2023. 1. 18. 초 판 1쇄 발행

지은이 | 박광철
펴낸이 | 최한숙
펴낸곳 | BM 성안북스

주소 | 04032 서울시 마포구 양화로 127 첨단빌딩 3층(출판기획 R&D 센터)
10881 경기도 파주시 문발로 112 파주 출판 문화도시(제작 및 물류)
전화 | 02) 3142-0036
031) 950-6378
팩스 | 031) 955-0808
등록 | 1978. 9. 18. 제406-1978-000001호
출판사 홈페이지 | www.cyber.co.kr
이메일 문의 | smkim@cyber.co.kr
ISBN | 978-89-7067-427-8 (13320)
정가 | 18,000원

이 책을 만든 사람들
책임 · 기획 · 진행 | 김상민
편집 | 김동환
교정 | 장웅진
본문 · 표지 디자인 | Makedesign
홍보 | 김계향, 박지연, 유미나, 이준영, 정단비
국제부 | 이선민, 조혜란
마케팅 | 구본철, 차정욱, 오영일, 나진호, 강호묵
마케팅 지원 | 장상범
제작 | 김유석

www.cyber.co.kr
성안당 Web 사이트

■ **도서 A/S 안내**

성안당에서 발행하는 모든 도서는 저자와 출판사, 그리고 독자가 함께 만들어 나갑니다.
좋은 책을 펴내기 위해 많은 노력을 기울이고 있습니다. 혹시라도 내용상의 오류나 오탈자 등이 발견되면 "좋은 책은 나라의 보배"로서 우리 모두가 함께 만들어 간다는 마음으로 연락주시기 바랍니다. 수정 보완하여 더 나은 책이 되도록 최선을 다하겠습니다.
성안당은 늘 독자 여러분들의 소중한 의견을 기다리고 있습니다. 좋은 의견을 보내주시는 분께는 성안당 쇼핑몰의 포인트(3,000포인트)를 적립해 드립니다.
잘못 만들어진 책이나 부록 등이 파손된 경우에는 교환해 드립니다.